JN359806

프란츠 카프카

차례

Contents

03 카프카와 문학 13 고독한 원의 고독한 중심 24 전체에 대한 열망 33 자아와 세계의 화해 40 또 다른 삶의 중심 52 세계의 대표 65 노자(老子)와의 만남 72 아버지들의 세계 85 백조의 노래

카프카와 문학

카프카는 누구인가

카프카는 프라하에서 살았다. 그리고 독일어로 작품활동을 했다. 그는 자신의 길을 외롭게 걸었다. 그는 독일어 사용자로서 체코인도 아니었고, 독일어를 사용하는 유대인으로서 보헤미아 독일인도 아니었으며, 그렇다고 또 보헤미아 태생으로서 오스트리아에도 속하지 않았다. 카프카는 영원한 아웃사이더였다. 가족공간에서도 마찬가지였다. 그는 가족들 사이에서 누구보다도 더 낯설게 살았다. 개인공간 안에서도 그는 고독과 공동체의 경계지대에서 거의 한 번도 벗어난 적이 없었다. 그는 고독 그 자체보다도 이 경계지대에서 더 오래 살았다. 오히려 이 두 세계 사이에 경계지대가 위치하기 때문에, 카프카는 이곳에서 두 세계를 동시에 조망할 수 있었고 다른 사람들이 보지 못하는 것을 보았다. 이 경계지대가 시간적·공간적으로 인습에 젖어 있는 생존권에서 벗어난 아웃사이더적 존재방식인 이른바 '아르키메데스의 점'이다. 이 점에 서서 그는 전통적인 사고방식과 고정관념을 일시에 타파해버린다. 그가 본 것은 무방비 상태의 인간을 절멸시키는, 보이지 않는 악마로 가득 찬 세계였다.

일평생 카프카는 다른 사람들처럼 결정적인 반경(半徑)을 긋고 나서 멋진 원을 그리고 싶어 했다. 그러나 그는 반경을 긋는 일을 늘 중단해야만 했다. 반경이란 예를 들면 피아노와 바이올린, 언어, 독문학, 반시온주의와 시온주의, 그리고 인생 후반의 히브리어와 원예, 목공, 문학, 결혼 시도, 집 장만 등을 말한다. 카프카의 삶 중심에는 시작만 한 수많은 반경이 빈틈없이 꽉 들어차 있었다. 나이를 먹고 병에 시달리면서 카프카는 새로운 시도를 하지 못한다. 이 와중에서 카프카에게 남은 유일한 욕구는 글쓰기였다. 글쓰기를 통해서 카프카는 투쟁할 필요는 없지만 묘사해야만 할 시대의 부정적인 것을 강하게 흡수한다. 그 목적은 시대의 부정적인 것을 먼저 제시하여 긍정적인 것에 대한 예감을 획득하기 위함이다. 그는 지금 여기 있는 이런 삶의 방식을 부정하는 사람이었다. 여기에서의 삶을 부정하는 것은 보다 완전한 삶을 열망하기 때문이다. 아름답고 고결한 존재인 카프카는 허위의 삶의 흐름에서 벗어나 진실의 구현체인 드러나지 않은 공동체에 편입하려는 파괴할 수 없는 갈망을 숨기려 하지 않았다. 그의 최종 목표는 세계를 순수, 진실, 불변의 것으로 끌어올리는 것이었다.

카프카에게 문학은 무엇인가

카프카의 생활은 오직 문학을 위한 것이었다. 그는 글을 쓸 수 있는 힘을 축적하기 위해 음악, 성(性), 음식, 술, 철학적 사유가 가져다주는 기쁨을 포기한다. 그는 자신의 머릿속에 들어 있는 거대한 세계를 해방시키기 위해 미친 듯이 글을 쓴다. 카프카는 문학에 관심만 가지고 있던 것이 아니라 문학으로 이루어져 있고, 문학 이외의 다른 어떤 것도 아니며, 다른 어떤 것도 될 수 없었다. 한마디로 카프카에게 문학은 그의 영혼이며 생명의 호흡이었다. 문학 이외의 다른 모든 것은 중요하지 않았고, 그를 만족시킬 수 없었다. 그는 문학을 통해 자신의 내면세계를 해방시켜 삶의 의미를 되찾았다. 그에게 문학은 강박성 노이로제를 푸는 치료제였다.

또 문학은 현실을 변화시킬 수 있는 수단이었다. 카프카는 문학을 수단으로 가정과 사회의 가부장적 권력관계에 저항한다. 문학은 권력의 영향에서 벗어나 자기를 보존할 수 있는 유일한 탈출구였다. 그러나 카프카는 문학을 통해 권력에서 벗어나기 위한 끊임없는 시도만 할 뿐, 실제로 문학이 그를 권력의 세계에서 탈출시키지는 못한다.

카프카는 문학작업의 목표를 높게 설정했다. 문학은 그에게 예언자적 임무를 부여한다. 그는 오히려 개인적인 삶을 뛰어넘어 인간 가족에게 의무감을 느낀다. 권력의 대열에서 빠져나온 카프카는 생명력과 사고력이 지나칠 정도로 풍부하기는 하나 지상의 법칙에서 벗어나지 못하는 인간 가족에게 이 세상의 권력관계에 얽매여 있음을 깨닫게 해주고 싶었다.

카프카가 궁극적으로 문학에서 얻고 싶은 것은 진실이었다. 진실이란 누구나 살기 위해선 필요한 것이지만 누구에게서도 얻을 수 없고, 또한 살 수도 없는 것이다. 사람은 누구나 자신의 마음속에서 끊임없이 진실을 만들어내지 않으면 안 된다. 진실 없는 삶이란 있을 수 없다. 진실은 삶 자체이다. 카프카 문학의 형상들이 인간의 존재를 절망적으로 묘사하면 할수록, 카프카는 준엄한 비평가로서 그만큼 더 강하게 진실을 의식한다. 그의 문학은 허위의 세계를 뛰어넘어서 진실에 도달하려는 의도의 표현이다. 그런 의미에서 그의 문학은 다른 모든 것보다 자유를 더 높게 평가하는 종국적인 학문이다. 카프카를 괴롭히고 화나게 하고 분노하게 하는 것은, 그를 문학에서 도피처를 찾는 내면주의적 작가로, 고독을 다룬 작가로 취급하는 것이다. 카프카가 삶에서의 무능력 때문에 문학으로 도피했다고 말할 수는 없다. 카프카에게 문학과 삶은 대립적인 것이 아니며, 문학이 곧 삶이기 때문이다.

난해한 카프카 문학

카프카의 이야기들은 그것들의 출발점 주변을 순환하다가

항상 출발점으로 되돌아간다. 그의 이야기들은 작가 자신이 모든 진술을 부인하고 철회하기 때문에 어느 곳에도 도달하지 못한다. 모든 진술을 거부하는 카프카의 전형적인 사고방식이며 표현형식인 '미끄러지는 역설'은 모처럼 얻은 확신을 다시 의문에 빠뜨린다. 의미의 전이, 인용의 왜곡과 반전, 통상적인 의미연관과 알레고리적인 지시의 부재 등과 같은 방향전환 전략으로, 확고한 개념들은 유동적이 된다. 이로써 독자는 종래의 전통적인 사고방식과 고정관념에서 벗어나서 새로운 의미관계에 들어선다.

1908년에 생산된 「나무들 *Bäume*」이라는 산문 소품에는 이와 같은 카프카 특유의 역설적 순환논리가 강조되고 있다.

> 우리가 눈 속에 선 나무줄기와 같기 때문이다. 겉보기에 그것들은 그냥 살짝 놓여서 있어 조금만 밀치면 밀어내버릴 수도 있을 것 같다. 아니, 그럴 수는 없다. 나무들은 땅바닥과 단단하게 결합되어 있으니까. 그러나 보아라, 땅바닥과 단단하게 결합되어 있다는 것도 다만 겉보기에 그럴 뿐이다.

카프카의 견해에 따르면 이 세상에는 오직 두 가지만 존재하는데, 그것은 진실과 허위이며, 진실은 나눌 수 없다. 따라서 그 자체로 인식될 수 없는 것이니, 진실을 인식하려는 자는 허위임에 틀림없다. 이러한 입장에서 보면 카프카가 그의 문학작품에서 끊임없이 번복하는 모든 진술을 철회하고, 의심하고, 단지 '겉보기에'만이라고 이름 붙여야 하는 이유가 이해된다. 이것은 사상적 발언뿐 아니라 감각적 지각에 대한 진술에도 해당된다. 사상적 발언과 감각적 지각은 늘 제한적인 표현으로 기술되거나 완전히 의문시된다.

카프카 문학이 난해한 또 다른 이유는 카프카가 현실세계와 꿈의 세계를 동일한 평면에서 처리하기 때문이다. 카프카는 일상의 현실을 변형하여 현실세계와 함께 유일한 전체를 형성하는 신비의 세계를 창조해낸다. 그 목적을 달성하기 위해 카프카는 꿈의 기법을 사용한다. 카프카가 채택한 형상화 수단으로서 꿈은 사건들의 무한계성, 시간과 공간의 신속한 극복, 시점의 갑작스러운 교체, 사건들의 뒤섞임, 소재의 유연성, 인과적인 연결을 대체한 다양한 형상의 연속, 놀라운 연상과 다양한 인물로 분해하는 주인공을 가능하게 한다.

카프카는 꿈을 서술하는 것이 아니라, '꿈과 같은 내면세계'를 꿈과 같은 방식으로 서술한다. 꿈과 같은 내면세계는 관찰이 불가능하다. 그의 시각에서 볼 때 내면세계는 체험될 뿐 묘사될 수는 없다. 관찰이 불가능한 내면세계에 대한 체험노력이 꿈과 같은 서술형식으로 나타날 뿐이다. 꿈과 같은 서술형식이야말로 묘사할 수 없는 것에 대한 최상의 묘사수단일지도 모른다. 이러한 서술형식은 곧 비유적 표현을 말한다. 카프카에게 비유는 파악할 수 없는 것은 파악할 수 없다고 표현하는 것이다.

경험세계와 일치하지 않는, 말하고 스스로 변신하는 동물의 등장도 독자를 혼란에 빠뜨린다. 카프카의 동물들을 인간과 동일시하거나, 이솝우화의 발전적 형성이라고 보는 것은 잘못이다. 이솝우화의 동물들은 인간의 상황을 반영하고 도덕적 교훈을 말하고 있다. 그러나 카프카는 동물들을 통해서 인간의 제한된 경험적 표상세계 너머의 인간 존재의 전체성을 적나라하게 드러내면서 인간 존재의 근본적인 모순을 체험하고 성찰하려 한다. 동물은 인간의 내부에 현존하고 있는 긍정적인 영역의 표현이다.

카프카를 어떻게 읽을 것인가

독일어권에서는 1916년 오스카 발첼이 「기이한 것의 논리」라는 논문에서 최초로 카프카의 수수께끼 같은 작품에 대해 해석을 시도한 이후 몇몇 비평가들이 카프카를 자신들의 관심 영역으로 끌어들였다. 하지만 그의 작품이 문단에서 큰 반향을 불러일으켰다고는 말할 수 없다. 출판된 책들의 판매량도 그리 많지 않았다.

한편 일부 작가들은 일찍이 카프카의 독자성과 문학적 위치를 인식했다. 카프카에게 폰타네 상의 상금 전액을 기탁한 카를 슈테른하임은 그의 단편소설들에 경탄을 금치 못했다. 헤르만 헤세, 라이너 마리아 릴케, 토마스 만, 로베르트 무질, 앙드레 브르통, 알베르 카뮈, 앙드레 지드 등도 카프카를 걸작을 창조한 예술가로 높이 평가했다. 사뮈엘 베케트, 호르헤 루이스 보르헤스, 프리드리히 뒤렌마트, 페터 한트케, 알랭 로브 그리에 등과 같은 수많은 작가들 또한 카프카적인 서사세계의 주제와 양식에 심취하였다.

카프카가 세계적 명성을 얻고 난 이후 수많은 연구자들이 그의 문학이 지닌 수수께끼를 풀어보려고 노력했다. 1929년부터 본격적으로 카프카에 관한 논문들이 발표되는데, 대부분은 브로트에 의해 보급된 종교적 해석방법을 채택하고 있었다. 브로트는 『성』에 나오는 성을 은총의 왕국으로 해석하고, 『소송』의 주제를 숭고한 정의 및 하느님의 나라로의 편입이라고 이해한다. 뒤이어 1931년에는 카이저가 심리학적 해석을 시도한다. 이 해석방법은 카프카 문학에서 주인공들의 반항과 처벌 사이에서 벌어지는 투쟁을 작가가 앓고 있는 잠재적 오이디푸스 콤플렉스로 본다. 그 뒤를 이어 카프카를 부정적인 시대경험의 선지자, 곧 '세계불안'의 예고자로 떠받드는 실존주의적 해석과 작품 내재적 해석이 생겨났다. 또 다른 해석자들은 카프카 문학의 사회적·정치적인 전제조건들을 인식했다. 이 해석은 카프카를 자본주의 사회질서 속에서, 다른 한편으로는 관료제의 위계질서 속에서 제도화된 여러 가지 종류의 소외를 누구보다도 직접적으로 다룬 작가로서 인정하고, 자본주의의 특정한 악을 해부하고 동시에 사회주의 사회에 잔존하는 소외의 흔적을 예리하게 파악하고 있다고 본다. 최근에는 카프카 문학에 나타난 해석학적 문제성이 연구되고 있다. 여기에서는 진리의 추구와 인식의 거부 사이의 변증법적 관계가 해설의 열쇠로 이해된다.

유감스럽게도 한국의 카프카 연구는 지나칠 정도로 카프카의 일부 작품-「선고」와 「변신」 그리고 3대 장편소설(『실종자』 『소송』 『성』)-에 매달리고 있으며, 카프카와 그의 문학을 고독과 절망의 작가 그리고 고독의 연작이라는 상투적 표현으로 정의해왔다.

한마디로 한국에서의 카프카 연구는 그의 작품의 일부를 형성하고 있는 개인의 존재론적 고독을 지나치게 강조하고 있다. 1980년대 이후에도 (완곡하게 표현해서) 사회학적 관점에서의 생산물은 염무웅의 「카프카 문학과 서구 리얼리즘의 한계」(1984)와 임철규의 『카프카와 마르크스주의자들』에 그쳤다. 포스트모더니즘 이론이 현실사회주의의 몰락이 야기한 역사적 구원의 가능성에 대한 회의에서 비롯했고, 현실 재현의 유효성을 부정하고 변혁에 대한 전망을 상실한 것으로 이해한다면, 1990년대 중반을 전후로 이른바 포스트모더니즘 이론을 카프카 문학에 적용하려는 시도 역시 카프카 문학을 비역사적으로 해석하는 것이라고 말할 수 있을 것이다. 사실 카프카 문학의 해석 틀은 작품 내재적 분석을 뛰어넘어 역사적 현실과 관련을 맺음으로써 비로소 만들어질 수 있을지도 모른다.

그러나 카프카 자신은 그의 문학작품들과 일기에 기록한 수많은 해석들을 통해 온갖 가능한 해석들을 다시 철회하고, 심지어 그러한 해석의 부조리를 증명하기 위해 전력을 다한다. 많은 연구자들이 상정하듯이 카프카 문학을 특정한 종교적 관념이나 신앙내용 혹은 특정한 사회적·자서전적 현상에 대한 반영, 표현 혹은 상징과 알레고리라고 한다면, 카프카가 그의 문학작품을 왜 그렇게 수수께끼처럼 만들었는지 그 이유를 알아낼 수 없을 것이다. 단지 독자를 속이기 위한 의도인지 아니면 자신의 작품들을 특별히 흥미롭게 보이게 하려는 의도인지 갈피를 잡을 수 없다. 사실이 그렇지 않다는 것은 창작할 때의 진지함과, 작품 출판을 꺼리고 결국은 자신의 유고 전부, 즉 가장 중요한 걸작들(3대 장편소설과 중요한 단편소설들)을 불태워 없애달라고 유언한 명백한 사실이 증언하고 있다. 그의 수수께끼 같은 문학 구조는 오히려 자신의 작품에서 형상화하고 싶은 보편적 진실 그 자체가 수수께끼 같은 성격을 지니고 있다는 사실을 불가피하게 표현한 것이다. 물론 수수께끼 같다라는 말은 유한한 질서에 사로잡혀 있는 인간의 표상 세계에 비추어 그렇다는 것이다.

카프카는 자신의 작품에 대한 이해의 행위를 끊임없이 방해하지만 동시에 이해의 행위를 요구한다. 그는 이해의 통로에 장애물을 설치할 수 있는 능력을 지닌 작가이다. 그런 이유에서 카프카는 의도적으로 미완성적 마무리를 표현수단으로 선택한다. 이로써 독자는 작가의 대화 상대자로서의 역할을 맡게 된다. 카프카를 특정한 의미로 묶어두지 않음으로써 독자는 작가와 함께 끝없이 새로운 해석의 가능성을 만들어낼 수 있을 것이다. 카프카의 의도는 의미확정의 불가능성을 전달하는 것이기 때문이다.

고독한 원의 고독한 중심

카프카의 가계

카프카의 아버지 헤르만 카프카(1852~1931)는 프라하 남부에 위치한 (주민이 백 명 남짓한) 보섹이라는 조그만 마을에서 태어났다. 아주 보잘것없는 집안 출신으로 그의 아버지 야곱 카프카(1814~1889)는 푸줏간을 하는 사람이었다. 야곱 카프카는 서른다섯의 나이에 뒤늦게 결혼했다. 야곱 카프카는 딸 둘, 아들 넷 모두 육 남매를 두었다. 열악한 조건이었지만 야곱 카프카의 자식들 중에 태어나다가 죽거나 아주 어릴 때 죽은 자식은 한 명도 없었다. 이들 모두 어릴 때부터 아침 일찍, 겨울에도 맨발로 고기를 손수레에 싣고 이웃 마을로 배달해야 할

카프카의 아버지와 어머니.

정도로 가족의 생활은 극도로 궁핍했다. 집은 보헤미아 지방에서 흔히 볼 수 있는 사람 키만큼도 안 되는 낮은 단층 날품팔이들의 움막이었는데, 서면 머리가 닿을 듯한 방 한 칸에 여덟 식구가 살았다. 그러나 야곱의 자식들은 모두 중산층으로 신분이 상승했다. 이것은 1848년 이후 유대인들에게 시민의 자유, 특히 자유로운 거주지 선택권을 인정한 결과였다. 이 조치는 적어도 유대인들의 경제적 상황에 긍정적인 영향을 끼쳤다.

헤르만 카프카는 우람한 체격을 갖고 태어났는데, 그 우람한 체격이 경제적으로 성공하는 데 큰 밑천이 되었다. 그런데 아들 프란츠 카프카는 아버지의 그 우람한 체격에 그만 기가 질려버리곤 했다. 카프카는 아버지와 종종 수영장 탈의실 안에서 함께 옷을 벗으면서 강하고, 크고, 어깨가 떡 벌어진 아버지의 체격에 비해 깡마르고, 허약하고, 홀쭉한 자신을 초라하게 생각했던 기억을 떠올린다. 헤르만 카프카는 자신의 불우했던 젊은 시절과 어려운 집안 환경에서 벗어나기 위한 피나는 노력을 아들에게 끊임없이 주지시켰다. 헤르만 카프카는 열네 살에 보섹을 떠나 객지로 나가 스스로 밥벌이를 해야만 했고, 뜨내기 잡화행상으로 성공을 거두었으며, 군복무를 마친 후에는 프라하로 이사했다. 서른 살에 카프카의 어머니와 결혼해서 그녀의 돈을 밑천으로 장신구 가게를 차려 사업기반을 닦았다. 아버지가 어렵게 이루어놓은 것에 대해서 관심조차 없었던 아들은 평생 아버지의 비난을 받았다. 어렵게 성공한 헤르만 카프카에게는 자신이 초안한 삶을 아들에게 받아들이라고 강요하는 것 이외에 다른 선택의 여지가 없었다.

특이한 것은 카프카의 일기에는 부계에 대한 언급은 전혀 없고 모계에 대해서만 이야기하고 있다는 사실이다. 카프카의 어머니 율리 뢰비(1856~1934)는 온천지인 표됴브라트에서 태어났다. 카프카의 외증조부는 매우 학식 있는 유대교도였다. 외가는 꽤 큰 사업체를 가지고 있었으나 사업보다는 탈무드에 더 골몰했기 때문에 사업체 관리를 매우 소홀히 했다. 카프카의 외할머니는 스물여덟에 티푸스에 전염되어 사망했는데(1859), 슬하에 삼남일녀를 두었다. 카프카의 외할아버지는 일 년 뒤 재혼하고 나서 표됴브라트에 있는 집과 업체를 팔고 1870년대에 프라하로 이사했다. 그는 직조공으로 일하다가 옷감 가게를 열었다. 형제는 네 명이었는데 모두 공장 소유주였고, 그중 세 명은 장수했다. 카프카의 어머니는 다섯 명의 형제가 있었는데, 그중 네 명이 사업가였고, 한 명은 의사였다.

카프카에게는 외가 쪽의 유전이 결정적으로 우세했으며, 외가 중에서는 다시 보헤미아의 소도시 표됴브라트에 살았던 어머니의 외가 쪽 족보가 우세했다. 그 족보에는 은둔생활을 하는 경건한 학자나, 탈무드 연구가, 의사 몇 명 그리고 사회에서 좀 모자란다거나, 별스럽게 보이는, 섬약한 체질의 노총각이나 괴짜들이 거듭 나타난다.

카프카의 외할아버지는 첫 아내 소생으로 카프카의 어머니를 비롯한 사 남매, 두 번째 결혼에서 아들 둘을 더 얻어 모두 여섯 명의 형제자매를 두었는데, 이들의 인생역정에서 다시 한번 뢰비 가문의 특성이 드러난다. 어머니의 오빠 알프레드 뢰비(1852~1923)는 노총각으로 스페인에서 철도청장까지 지냈다. 카프카는 이 외삼촌을 부모 이상으로 가장 가까운 친척으로 생각했다. 거래나 직업상의 어려움에 처할 때면 카프카는 그에게 자주 조언을 구했다. 카프카의 외삼촌들이 지니고 있는 특성들 중의 몇 가지는 카프카에게도 두드러지게 나타나는 것으로 무엇보다 부끄러움을 타며, 지나칠 정도로 겁먹은 듯한 겸손, 소심함 그리고 일종의 사람들과의 접촉 빈곤이 그것이다. 카프카가 가장 좋아했던 외삼촌인 어머니의 둘째 이복동생 지크프리트(1867~1942)는 아주 특이한 괴짜요, 나돌아다니기를 광적으로 좋아했던 사람으로, 교양이 있고 독서를 많이 했으며 재치 있고, 남을 돕기를 좋아하고 약간 차가워 보였으나 관대했으며, 독신으로 생활했다. 그는 트리쉬 지방의

의사였는데 카프카는 후에 그를 자주 만나러 갔다. 그는 중병에 걸린 조카에게 자연요법을 권했다. 또한 의사로서 말년의 카프카를 돌봐주었다. 카프카는 외가인 뢰비 가문에서 물려받은 유산을 민감, 정의감, 불안이라고 특징짓고 있다.

카프카의 부모는 모두 여섯 명의 자식을 낳았다. 장남 프란츠(1883~1924)는 섬세하나 건강한 아이였다. 그가 태어났을 때 카프카의 부모는 사회적 신분상승을 눈앞에 두고 있었다. 카프카가 태어난 후 얼마 안 있어 카프카의 부모는 이 빈민지역을 떠난다. 그 이후 조금씩 더 좋은 집으로 자주 이사를 다녔다. 이 년 뒤에는 아들 게오르크(1885~1886)가 태어났다. 이 아이는 매우 건강하고 잘생긴 아이였는데, 두 살 때 마마로 죽었다. 그다음에 셋째 하인리히(1887~1888)를 낳았는데, 6개월도 채 못 살고 중이염으로 죽었다. 뒤이어 누이 동생들인 엘리(1889~1941), 발리(1890~1942), 오틀라(1892~1943)가 태어났다. 나치가 체코슬로바키아를 점령하자 카프카의 세 여동생은 강제수용소로 끌려가 죽임을 당했다. 이것은 카프카의 많은 친구들과 친척들이 함께 겪은 운명이었다.

유년 시절

유년 시절에 카프카는 부모의 얼굴을 거의 보지 못하고 성장했다. 어머니가 계속 임신을 하고, 또 저녁이면 매일 가게에서 아버지와 카드놀이 상대를 해주면서 시간을 보냈기 때문에, 어머니가 장남인 카프카에게 신경 쓸 겨를이 없었다. 아주 적은 돈으로 가게를 열어야 하는 데 따른 부모의 심리적 부담과 (사회적 정체성을 찾아야만 했던) 신분상승을 꿈꾸는 가족의 불안이 카프카에게 옮겨갔다. 아버지는 사업이 점차 번창하자 일에 쫓겼으며, 어머니는 아버지의 충실한 조수로서 언제나 아버지와 행동을 같이했다. 카프카가 보기에 어머니는 아버지의 '사랑하는 노예'이며, 아버지는 어머니에게 '사랑하는 독재자'였다. 그녀는 아버지의 판단과 편견을 무비판적으로 수용했다. 아버지는 복종을 강요하고, 카프카는 그의 권력에 항거하여 독립과 자유를 찾으려고 투쟁하지만, 아들은 아버지의 권위에서 영원히 벗어날 수 없다는 가부장적인 유대인 사회에서 태어난 것이 카프카의 숙명이었다. 결국 카프카는 가정부와 가정교사의 손에서 자란 셈이다. 특히 그는 성격상 가장 가깝게 느꼈던 어머니의 사랑을 받지 못했다. 보통 가정의 아이들이 갖는 따뜻한 가정의 분위기를 그는 체험하지 못했다.

아버지 헤르만 카프카는 그 어떤 항변도 용납하지 않았으며 감수성이 예민한 아들을 전혀 이해하려들지 않았던 독선적이고 다혈질적인 폭군이었다. 「아버지께 드리는 편지」에는 1886년과 1889년 사이로 추정되는 시기에 카프카가 발코니에서 체험한 사건이 기록되어 있다. 당시 어린 카프카는 밤중에 아버지에게 물을 달라고 칭얼거렸는데, 몇 번의 위협에도 불구하고 그치지 않자 아버지는 그를 속옷 바람으로 발코니로 데려가서는 문을 닫은 채로 얼마 동안 혼자 내버려두었다는 것이다. 이른바 '발코니 체험'이 회고적 해석의 작업을 거쳐 평생 카프카를 괴롭히는 끔찍한 표상으로 상징화되어 나타난다. 여기서 아버지는 거대한 남자, 즉 마지막 심급(審級)이 되어 자신을 아무 이유 없이 쫓아내고 무의미한 존재로 만들어버리는 두려운 존재로 상징화된다.

헤르만 카프카는 사회적 신분상승을 인생의 목표로 삼았다. 신분상승은 독일어를 사용하고 프라하 인구의 약 7%에 해당하는 상류층으로 진입해야만 가능했다. 이것은 헤르만 카프카에게는 출신으로 보나 계급으로 보나 의미 있는 우회로였다. 독일인 사회와 연결을 맺으려는 그의 시도를 분명하게 보여주는 것은 자녀교육이었다. 헤르만 카프카는 자녀들을 모두 독일계 학교에 보냈다.

카프카는 1889년 9월 16일에 정육시장 근처의 독일계 초등학교에 입학한다. 당시 프라하에서는 체코인들과 독일인들 사이의 충돌이 격화일로를 달리고 있었다. 광분한 체코인들은 독일인들을 모욕하고 심지어 폭행했다. 학교에 다니는 아이들도 독일 학생들과 체코 학생들 사이에 벌어지는 전통적인 싸움에 무관심할 수가 없었다. 후에 카프카의 친구가 된 오스카 바움은 바로 이런 충돌에서 실명했다. 카프카의 부모는 아들을 이런 험악한 상황에서 보호할 필요가 있었다. 식모가 카프카를 집에서 학교까지 데려다주었다. 통학로에서 카프카는 식모에게 매일 반복적으로 위협당했다. 그는 이 당시의 악몽을 시간이 상당히 흐른 1920년 6월 21일에 밀레나에게 보낸 편지에 정밀하게 기록한다.

> 우리 식모가 매일 아침 나를 데리고 학교에 갔는데 그녀는 키가 작고, 박정하고, 바싹 마르고, 코가 뾰족하고, 볼이 움푹 들어가고, 얼굴은 노랬으나 단단하고 정력적이며 위압감을 주는 여자였습니다. ……집을 나설 때 식모는 내가 집에서 얼마나 얌전하지 못한가를 선생님께 이야기하겠다고 말해요. ……집에서 살림하는 여자가 선생님이라는 온 세상의 존경을 받는 인물에게 감히 그런 말을 할 수 있을지 매우 의심스러웠지만, 적어도 대략 정육시장 입구쯤에 오면…… 나의 위협에 대한 공포는 도를 넘게 되지요. 학교 그 자체가 정말 끔찍스러운데다가 식모가 그 공포를 더욱 가중시킨 것입니다. 나는 애걸하기 시작하고 식모는 고개를 흔들었습니다.

어린아이가 가졌던 이런 겁먹은 듯한 불안과 사자(死者)의 눈빛을 지닌 진지함은 부모의 교육 탓이었다. 카프카의 부모는 자녀교육에 대해 전혀 신경 쓰지 않았다. 아이는 식모와 하녀의 보살핌으로 컸다. 자녀교육이라고는 식탁에서의 지시와 명령뿐이었다. 아버지가 이따금씩 내뱉는 밑도 끝도 없는 짧은 명령들을 카프카는 늘 이해할 수 없었고 수수께끼처럼 느꼈다. 이런 부모 밑에서 자라면서 카프카는 외부에 대해 폐쇄적일 수밖에 없었다.

김나지움 시절

카프카에게 (아버지 세계의 영역이라는 느낌이 들었던) 학교는 공포의 대상이었다. 「아버지께 드리는 편지」에서 카프카는 학교로부터의 위협을 생생하게 기록하고 있다. 시험 공포라는 이름으로 은폐한 카프카의 불안은 학교 측의 요구를 충족시키지 못하리라는 두려움 속에서 지속적으로 표출되었다. 카프카는 일찍이 학창 시절부터 자신이 평범한 삶을 살기에는 부적격자라고 느꼈다.

카프카가 다닌 김나지움은 구시가 광장에 있는 바로크 식 건물인 킨스키 궁 안에 있었는데, 카프카의 집에서 얼마 떨어

김지나지움 시절의 학급사진(1898년).
맨 윗줄 왼쪽에서 두 번째가 카프카, 위에서 두 번째 줄 왼쪽에서 두 번째가 오스카 폴락으로 대학 시절까지 카프카의 가장 친한 친구였다. 위에서 세 번째 줄 왼쪽에서 세 번째가 시온주의자인 후고 베르크만이고, 위에서 세 번째 줄 오른쪽 끝이 무신론자이자 노동자 재해보험공사 사장의 아들인 에발트 펠릭스 프리브람이다.

지지 않은 곳이었다. 아버지의 뜻대로 이 김나지움도 초등학교와 마찬가지로 독일학교였고, 오스트리아-체코 이중제국의 관리를 양성하는, 고전어 일변도로 교육하는 인문학교였다. 이 학교의 교칙은 교사와 학생의 접촉을 거의 불가능하게 했고, 오로지 존경만을 요구했으며 학생 개개인의 관심과는 전혀 관계가 없는 무의미한 설교를 장려했다. 수업시간의 절반은 흥미도 실용성도 없는 희랍어와 라틴어에 할애됐고, 역사는 원칙적으로 고대사만 다루었으며, 독일어 시간은 주당 세 시간의 독본과정이 전부였다. (이때 카프카에게 문학적 충격을 준 작가들은 괴테, 실러 그리고 클라이스트였다.) 종교 교육도 도덕을 설교하는 종교적 훈계 일색이었다. 열여섯 살의 카프카는 일체의 종교 행사에 혐오감을 느끼고, 오히려 다윈과 헤켈의 자연과학 서적을 읽는 데 몰두한다. 그러나 카프카의 학교 성적은 평균 이상이었다. 선생들도 조용한 카프카를 좋게 평가했지만, 카프카는 자신이 결코 조용한 학생이 아니었다고 주장한다. 급우들은 그를 매우 좋아했지만 친해질 수는 없었다. 그와 급우들 사이에는 유리벽이 가로놓여 있었기 때문이다. 급우들에게 그는 마냥 낯설기만 한 존재였다. '고독한 원의 고독한 중심', 이것이 당시 카프카가 처한 상황이었다. 이 시기에 카프카 특유의, 외부세계와 내면세계의 숙명적 불화가 시작된다. 카프카는 외부세계의 차가운 공간을 덥힐 하나의 불을 찾는 탐색을 시작한다. 글을 쓰기 시작한 것도 이때부터였다. 가끔 급우들이 조직한 독서클럽에도 나갔는데, 그는 한

번도 자신의 글은 발표하지 않았고 뒷날 이 시절에 쓴 것들을 모두 없애버렸다. 폐쇄상태로부터 뛰쳐나오려는 시도, 곧 드러나지 않은 공동체에 대한 동경은 사회주의에 대한 관심으로 표출된다. 물론 열여섯 살의 카프카가 생각한 사회주의란 마르크스 이전의 원시적·공상적 사회주의였다.

졸업고사를 앞둔 시절에는 드러나지 않은 공동체에 대한 동경이 우정에 대한 갈망으로 나타났다. 그가 처음 사귄 친구는 오스카 폴락(1883~1915)이었다. 그는 학급에서 가장 조숙한 학생으로 아주 단호한 성격에다가 다혈질이었으며, 말하는 태도에는 힘이 넘쳤고, 문화사와 자연과학에 남다른 관심이 있었다. 카프카에게 그는 골목길을 내다볼 수 있게 해준 창(窓)과 같은 존재였다. 두 사람의 교우관계는 대학 시절 초반까지 지속되었다.

그사이에 아버지 헤르만 카프카는 성공한 상인으로 자리잡는다. 1896년 9월부터 1906년 5월까지 그는 첼트너 골목길 3번지에서 유행 장신구를 팔았다. 가족도 이곳으로 이사한다. 구시가 환상도로가 바로 그 골목길을 에워싸고 있었고, 집 뒤에 있는 방들은 타인교회 쪽으로 나 있었다. 첼트너 골목길은 프라하의 최고급 주거단지였다. 1906년에 가게는 12번지로 옮겨 갔다. 1912년에 헤르만 카프카는 킨스키 궁에 가게를 열었다. 매장은 당연히 구시가 환상도로와 붙어 있었다. 킨스키 궁은 당시에는 오늘날처럼 건물의 앞면이 아름답게 복원되지는 않았지만 가게로서 최상의 장소인 것만은 틀림없다.

전체에 대한 열망

문학 입문

1901년 7월에 열여덟 살의 카프카는 김나지움 졸업시험을 마치고 헬고란트로 여행을 떠난다. 김나지움 시절에는 철학을 전공할 계획이었지만 대학에 들어와서는 오스카 폴락의 영향을 받아 화학을 공부한다. 그러나 이내 전도가 유망한 법학으로 전공을 바꾼다. 법학과의 지루한 강의에 흥미를 느끼지 못한 카프카는 이번에는 예술사와 독문학으로 방향을 바꾼다. 그러나 당시 프라하 대학 독문과의 국수주의적 경향에 반발해서 뮌헨 대학에 가서 독문학을 공부할 계획을 세운다. 그러나 이 계획은 좌절되었는데, 그 이유는 쓸데없는 계획이라며 아버지가 돈을 대주지 않았기 때문이다. 결국 카프카는 프라하 대학에서 법학을 전공하게 되었다. 법학과에서 카프카는 필수과목만 듣고 8학기 등록 후 법학 박사학위를 받고 졸업했다. 법학을 공부함으로써 부모에 대한 부채를 갚은 셈이었다.

법학 박사학위를 받은 카프카(1906년).

카프카는 대학 시절에 후에 재직하게 된 '노동자 재해보험공사'의 사장 아들이면서 대학친구인 프리브람에 의해 체코 상류사회에 소개됐다. 또, 방학이 되면 트리쉬에서 의사로 개업하고 있는 외삼촌 지크프리트 뢰비를 자주 찾아갔다. 그곳에서 그는 시골의 전원생활을 만끽했다. 학기 중에는 체코나 독일 극단의 연극 공연을 정기적으로 관람했고, 독일 대학생 독서클럽이 개최하는 강연이나 문학작품 낭독회에 참석했다. 그리고 여기서 평생 친구 막스 브로트를 알게 되었다.

카프카는 니체에 매료되어 그의 책을 탐독한다. 카프카를 니체에게 빠지게 만든 것은 친구 오스카 폴락과 잡지 『예술의 파수꾼』이었다. 니체가 한때 발간 동인이었던 이 격주간지를 카프카는 이미 김나지움 졸업반 때부터 정기 구독했다. 이 잡지는 유령회사 범람시대에 횡행하던 저질의 오락 문학을 공격하고 예술의 순수성을 되찾자고 주장했다. 당시 카프카는 헵벨·아미엘·바이런·그릴파르처 등의 일기, 괴테의 『에커만과의 대화』, 괴테·그라베·뒤바리 등의 편지, 쇼펜하우어와 도스토옙스키의 전기 등을 읽었는데, 이 책들이 인간 내면의 얼어붙은 바다를 깨는 도끼들이었기 때문이다.

목 없는 동상 위의 동상.
체코의 조각가 자로슬라프 로나가 카프카의 「어느 투쟁의 기록」에서 영감을 받아 제작했다.

대학 시절인 1904년 여름에서 1907년 말 사이에 카프카의 처녀작 「어느 투쟁의 기록」의 초판본이 완성된다. 이 소설 역시 이후의 다른 많은 작품들처럼 미완성이다. 이 작품에서 프라하의 많은 건축물들이 직접 거명되고 있는 점이 흥미를 끈다. 산책길은 프라하 신시가지의 자기 집에서 페르디난트 거리를 지나 프란츠 부두, 크로이츠헤렌 광장과 카알 다리를 거쳐 클라인자이테에 이르고, 거기에서 계속 라우렌치 산까지 이어진다.

카프카의 작품은 첫 줄에서 마지막 줄까지 그리고 「어느 투쟁의 기록」에서 「요제피네, 여가수 또는 쥐의 족속」에 이르기까지 자아와 세계의 투쟁 기록이다. 이 소설에 표현된 내용은 일인칭 화자와 친구 사이의 권력투쟁이다. 카프카 작품의 다른 인물 쌍과 마찬가지로 이 두 인물은 순수 자아와 일상의 자아로 분열된 작가 자신을 대변한다. 카프카 문학은 순수 자아를 보존하기 위한 투쟁이다. 사실 소설의 전통에서 닮은꼴의 인물 형상은 순수 자아의 실존을 파괴하는 위협적인 세력을 의미한다. 다양한 삶의 양식들 사이에서 분쟁을 가리키는 내적인 투쟁이 외부로 확산된다. "브로켄 산에서 더 이상 아무것도 듣고 싶지 않아요. 처음부터 끝까지 모든 것을 말해 주세요. 처음부터 끝이 아니라면 듣지 않겠어요. 정말 저는 전체를 열망하고 있어요"라고 소설의 주인공은 말한다. 이미 여기에서 카프카는 비범할 정도로 정확하고 사실적으로 우리가 속한 사회적·정치적 삶의 현실을 기술하고, 다른 한편으로는 우리의 현실이 성립되고 '전체'로서 정돈되고 존속될 수 있는 바탕이 되는 전제조건에 대해 의문을 제기하면서 '전체'를 파악하려고 시도한다. 실제로 카프카의 전 작품은 인간세계의 무법칙성을 극복하고 보편적이고 구속력을 지닌 진실의 법을 획득하기 위한 부단한 투쟁으로 이해될 수 있다. 그의 문학 속에 등장하는 주인공은 늘 유한하고 외견상 견고하게 정돈된 질서에서 쫓겨나 갑자기 공포를 느낄 정도로 현 존재의 '전체'와 부딪치고, 그로 인해 갈피를 못 잡고 비틀거리면서 어디에서도 발견할 수 없지만 자신의 삶에서 부동의 목표로 삼은 진실과 안전을 보장해주는 법칙을 찾아 나선다. 그가 수행하는 투쟁은 이 세계에서의 삶을 가능하게 하는 생활형식을 획득하기 위한 투쟁이다.

카프카는 법학 박사학위를 받은 후 1906년 가을부터 법률 공무원 복무규정에 따라 법원에서 일 년간 법관시보로 일한다. 법원의 경험에 대해서 그는 별로 말이 없었고, 다만 글을 전혀 쓰지 못했다고 고백한다. 1906년 가을부터 1907년 말에는 「시골의 결혼준비 *Hochzeitsvorbereitungen auf dem Lande*」(1907년 初)를 집필하기 시작한다. 이 작품의 주인공 에두아르트 라반은 스스로를 세인(世人)과 나로 분열시켜 '세인'이라는 육체는 결혼준비를 위해 시골로 보내 놓고, '나'라는 자아는 갑충으로 변신되어 집에 머물러 있다. 라반에게는 모든 사건들이 이해할 수 없고 낯설었다. 그는 사회적인 강요 속으로 들어가는 것을 고통스럽게 느낀다. 그래서 차라리 갑충으로 집안 침대에 누워, 옷을 입은 자신의 몸을 세상 가운데로 보내고 싶어 한다. 신부와 신부의 어머니는 신랑을 기다린다. 소설은 라반이 시골 여관에 도착하자마자 갑자기 중단된다. 이 작품은 「변신」보다 오 년 앞서 「변신」의 주제를 예시하고 있다.

카프카와 브로트

1902년 10월 23일 카프카는 독일 대학생들의 독서 및 연설 모임에서 브로트를 처음 만났다. 브로트는 '문학과 예술' 분야에서 쇼펜하우어와 니체에 대해서 강연했다. 그가 니체를 몽상가로 매도했을 때 카프카는 강력하게 이의를 제기했다. 이 시절에 카프카와 브로트의 우정이 싹텄다. 브로트는 카프가가 오스카 폴락과의 관계가 끊어지고 난 직장생활 초기에 그와 외부세계를 연결시키는 임무를 떠맡은 인물로, 그의 비중은 점점 커져갔다. 그를 통해서 카프카는 프라하 근교를 알게 되었고 그와 함께 이태리 북부, 바이마르, 파리, 스위스 같은 곳으로 휴가여행도 떠난다. 또 브로트는 카프카를 '노래의 밤'이니, 밤새 영업하는 술집, 카페 같은 데도 데리고 다녔고, 프라하의 문인사회로 안내하기도 했다. 그리고 카프카에게 같은 또래의 친구들인 시온주의자 펠릭스 벨취와 맹인 작가 오스카 바움 같은 사람들을 소개하기도 했다.

브로트는 언제나 망설이는 카프카에게 이 친구들의 모임에서 자신의 작품을 낭독하게끔 격려하고, 새로운 작품을 쓰도록 고무하고, 또 그것을 출판하도록 종용하며 다시 한번 카프카가 주위세계에 대해 자기폐쇄하는 것을 막는다. 그는 남보다 일찍 친구의 재능을 알아보기도 했지만, 사실 그는 카프카의 인품에 매혹됐다.

브로트가 결혼한 후에 두 사람 사이의 관계는 약간 냉각되었다. 이렇게 된 데에는 둘 사이의 정치적 견해차가 한몫을 했다. 카프카는 전쟁에 자원입대하려고 했던 데 반해 브로트는 철저하게 평화를 옹호했다.

무엇보다 브로트의 최대 공적은 카프카의 유작을 구해낸 일이다. 브로트는 카프카의 부모로부터 카프카가 개인적으로 소장하고 있던 유고, 도라 디아만트에게서는 스케치북과 「굴」의 원고, 밀레나에게서는 『일기』와 『실종자』의 원고가 실린

열다섯 권의 대학공책, 클롭슈톡에게서는 몇 장의 수기와 『편지』 그리고 「요제피네, 여가수 또는 쥐의 족속」의 원고를 얻어냈다. 『성』과 『소송』은 이미 1920년과 1923년에 입수해놓았다. 이로써 생각보다 빨리 카프카의 유고 전체 작품이 수합되었다. 특히 『소송』 원고의 획득과정은 눈물겹다. 브로트는 1936년 카프카로부터 천신만고 끝에 얻어낸 처녀작 「어느 투쟁의 기록」과 교환하는 조건으로 『소송』을 얻어낸다.

건강이 상당히 악화된 1922년 11월 29일에 카프카는 자신의 중·단편작품들인 「선고」 「화부」 「변신」 「유형지에서」 「시골의사」, 단편집 『단식광대』 그리고 첫 번째 단편집 『관찰』 중 서너 개의 작품들에 대해 만족하면서, 브로트에게 이 작품들은 남겨두어도 좋다는 뜻을 전한다. 그 이유는 오직 이미 그 책들이 세상에 나왔고, 누군가 그것들을 소유하고 싶어 하기 때문이라고 설명한다. 카프카는 자신이 직접 출판한 작품들은 사후에도 계속 살려두고 싶어 했지만, 끝까지 마무리 지을 수 없었던 작품들은 모두 불에 태워 없애고 싶어 했다.

그러나 브로트는 대부분의 작품들을 불태워 없애달라는 카프카의 유언을 집행하지 않았다. 브로트는 장편소설 『소송』의 초판 후기에서 만일 카프카가 정말 자신의 작품들을 없애려고 했다면 자신이 아닌 다른 사람에게 유언 집행을 부탁했을 것이라고 그 이유를 설명했다. 또 다른 이유는 무엇보다도 이 유언을 카프카 자신이 지키지 않았다는 것이다. 카프카는 자신의 유언과는 달리 단편집 『관찰』에 들어 있는 몇 개의 작품들을 신문에 전재하고, 단편집 『단식광대』의 단편소설 세 편을 묶어 '디 슈미데' 출판사에 넘긴다.

하지만 무엇보다 브로트가 카프카의 유고를 출판한 결정적인 이유는 카프카의 유고가 지닌 문학적 가치 때문인데, 카프카의 유고는 가장 소중한 보물이며, 그의 전체 작품을 통틀어서 가장 질이 높은 작품들을 포함하고 있다는 것이 브로트의 판단이었다. 그중에서도 세 편의 장편소설 『실종자』 『소송』 『성』이 카프카 문학의 백미라는 것이다. 결국 이 작품들 덕택에 카프카는 소품의 명인에 그치지 않고 장편 서사작가로서의 명성을 되찾게 된다.

그런데 카프카의 육필원고는 브로트에 의해 천여 군데나 훼손됐다. 그는 사본을 따로 만들지 않고, 식자(植字)용으로 원고 그 자체를 제공했다. 또 그는 속기로 씌어진 구절들과 확실한 축약들을 원고에 직접 풀어서 써놓았다. 게다가 브로트는 몇 군데는 작가의 실수가 분명하다고 주장하면서 원고에 들어 있는 작품의 표현을 수정한다. 심지어 텍스트의 규격화를 위해 표현, 정서법, 구두법과 관련한 일괄적인 지침을 출판사에 제공한다. 브로트는 독창적이며, 낯설고, 미완성인 카프카의 작품세계를 해명하는 일이 절박한 나머지 작품의 이해를 어렵게 만드는 일체의 것을 제외했다고 원고 훼손의 불가피성을 설명한다.

사실 카프카의 유고를 이런 방법으로 출판하기 시작한 것은 불가피한 측면도 없지 않았다. 브로트가 독백의 텍스트를 대화로 열기 위해서 횡선과 감탄부호를 헤아릴 수 없이 많은 아주 작은 문장부호를 사용해 카프카의 남달리 정확한 짧은 산문에 개입한 것은 화가 나는 일이지만, 이 행동은 1924년 카프카가 사망한 후의 초기상황을 보면 (적어도) 이해된다. 그 이유는 첫 번째 단편집 『관찰』이 800부가 팔린 것을 제외하고는 카프카가 살아 있을 때 출판된 단편집 중에서 1,000부 정도 팔린 책도 없었기 때문이다. 이 가운데서 성공을 거둔 시리즈 『최후의 심판』에 들어 있는 「화부」와 「선고」 그리고 「변신」은 재판을 찍었다. 비교적 광범위한 독자층으로 하여금 카프카의 작품에 주목하게 하려면 우선 상당히 폭넓은 카프카의 문학 작품, 특히 무엇보다도 세 편의 장편소설은 가능한 한 통일되고 읽기 쉬운 형태로 제공되어야만 했었다.

브로트가 열정적으로 노력했지만 장편소설 작가로서 카프카는 처음에는 아주 제한된 범위에서 그 이름이 알려졌다. 카프카에게 '가장 위대한 소설가와 견줄 수 있는 소설가'라는 이름을 붙여 주었던 당시 『소송』의 초판은 겨우 3,000부에 불과했다. 카프카는 일찍이 문학상에 응모하여 책을 출판하고자 했으나 자신의 세계관이 대중에게 먹혀들어가지 않는다는 절망적인 통찰로 이어져, 사적인 작가 실존의 익명성 속으로 퇴각하는 것으로 끝을 맺는 참담한 결과를 맛본다. 다른 각도에서 보면 카프카 문학의 미완의 성격은 이에 기인한 작가와 문학기업 사이의 부정적인 상호작용의 결과이다.

자아와 세계의 화해

카프카의 첫 번째 책

첫 번째 단편집 『관찰 *Betrachtung*』에서 카프카는 불안의 위기에 처한 자아를 폭로하면서 궁극적으로 자아와 세계의 화해를 목표하고 있다. 카프카 문학에서 자아는 꿈과 같은 환상세계의 순수 자아와 생생한 경험세계의 일상의 자아로 구분할 수 있다. 이 두 자아는 아주 긴밀하게 얽혀 있어서 우리는 순수 자아와 상대세계로 표시할 수 있는 일상의 자아 사이의 투쟁을 카프카 문학의 한 주제로 상정할 수 있다. 그의 문학은 순수 자아를 보존하기 위한 투쟁이다. 그러나 카프카가 이 투쟁의 딜레마에서 빠져나올 수 없는 이유는 비록 순수 자아를 동경하지

카프카의 첫 번째 책 『관찰』.
18개의 짧은 산문소품들을 싣고 있으며, 막스 브로트에게 바치는 헌사가 들어 있다. 1912년 11월에 라이프치히의 에른스트 로볼트 출판사에서 간행됐다.

만 늘 일상으로 되돌아오려고 애쓰기 때문이다.

「등산」(1904/5년)에서는 동료 인간에 대한 자기중심적인 인간관계가 고독의 원인이라고 밝히고 있다. 「국도의 아이들」(1904/5년)에 등장하는 어린아이들과 바보들은 시간적·공간적 질서와 삶의 법칙에서 벗어난 세계에 대한 비유의 형상이다. 이들은 구원을 약속하는 세계를 대표한다. 어린 시절의 체험을 묘사하고 있는 이 전원시는 고독과 공동체의 대립을 분명하게 보여준다. 자아는 공동체 안에서 자유를 만끽한다. 작품의 결말에서 자아는 의도적으로 무리에서 떨어져 나와 남쪽 도시로 달린다. 남쪽은 바보들이 살고 있는 해방 공간이다. 「거부」(1906년 말)는 화자와 지나가는 소녀의 허구의 대화로 구성되어 있다. 소녀는 자신의 이상형이 아니라며 화자와 사귀려 하지 않는다. 그녀는 귀족이나 멋진 미국인을 파트너로 생각한다. 화자는 이를 알고 미리 선수를 쳐 데이트를 거절한다. 실제적인 대화가 없기 때문에 실제적인 거부도 없다. 자아는 현실세계의 위험에서 도피한다. 「골목길로 난 창」(1906/7년 겨울)의 고독한 자아는 골목길로 난 창을 통해 주위세계와 접촉하고, (유례를 찾아볼 수 없을 정도로 분리할 수 없는) 인간의 단결이라는 목표에 도달한다. 「멍하니 밖을 내다보다」(1907년 초)에서 화자는 어느 봄날 창문 밖을 내다보다가 거리의 소녀와 그 뒤를 따라가는 남자를 관찰한다. 그 남자의 형상이 그녀의 얼굴에 어두운 그림자를 드리운다. 남자가 지나가자 어린 소녀의 얼굴은 밝아진다. 어린 소녀의 밝은 얼굴은 해방된 실존을 뜻한다. 「상인」(1907년 말)의 첫 단락은 일을 끝내고 흥분한 상태에서 집으로 돌아오는 상인과 상인의 근심을 묘사하고 있다. 둘째 단락은 꿈의 체험을 서술하고 있다. 백일몽이 상인을 엄습한다. 몸과 날개와 손을 갖춘 꿈의 존재는 동물적인 실존을 암시하며, 특정 목적에 구애받지 않는 존재의 세계에 대한 상징이다. 아름다운 꿈의 세계와 장사하는 일상의 통합은 불가능하다. 꿈은 자유롭게 질주하는 말들을 제어하는 경찰의 공권력을 암시하면서 끝난다. 제어된 말들은 불행하다. 이것은 상인의 근심과 불만 그리고 이로 말미암은 흥분을 암시한다. 상인은 일상의 노예이다. 그는 사회의 갈등에 노출된 불행한 독신자들의 변형이다. 「집으로 가는 길」(1907년 말)의 자아는 집으로 돌아가는 길에 주위세계와 조화를 이룬 자신을 발견한다. 게다가 사회에 대한 책임을 느끼고, 심지어 자기 확신이 지나쳐서 신의 섭리를 들먹이기까지 한다. 그러나 방안에 혼자 있게 되자 환상은 현실로 대체되고 주위세계와 자아의 조화는 가상임이 폭로된다. 이로써 다시 자아는 불안과 평형을 유지한다. 「스쳐 지나가는 사람들」(1908년 이전)의 자아는 밤에 산책하면서 한 남자가 누군가에 의해 쫓기고 있는 것을 보고서도 그를 도와주지 않는다. 자아는 타인에 대해 무관심하다. 자아는 자신의 이러한 수동적 태도를 정당화하기 위해 이유들을 나열한다. 「승객」(1908년 이전)에서 전차의 승강장에서 있는 자아는 전차에서 내리는 소녀의 자연스러운 모습을 보면서 자신의 정당한 요구에 대한 사회의 무관심에 실망한다. 실존의 위험이 효과적으로 폭로된다. 「나무들」(1908년)에서 중요한 것은 인간과 눈 속에 파묻혀 있는 나무줄기를 동일시한 것이다. 이 나무줄기는 당장 움직일 수도 없고 땅에 굳게 뿌리를 내리고 있는 것도 아니다. 그렇지만 전자와 후자 모두 겉보기에 그렇다는 것이다. 가상을 통찰하는 것이 중요하다. 동일시가 표현하려고 하는 것은 인간이 쉽게 밀려날 수 있다는 사실을 받아들여서는 안 되며, 또 인간이 쉽게 밀려날 수 없다는 사실도 받아들여서는 안 된다는 인식이다. 요약하면 인간이 비록 쉽게 밀려날 수 없을지는 모르지만, 쉽게 밀려날 수 있다는 것이 인간 실존에 대한 카프카의 진단이다. 「의상」(1908년)은 소녀의 몸과 옷의 아름다움을 묘사하고 있는 것처럼 보이지만, 먼지와 주름을 언급하고 가면 모티프와 거울 모티프를 사용하여 아름다움에 의문을 단다. 말로는 표현되지 않은 삶의 무상함과 죽음이 이 작품을 관통하고 있다. 「남자 기수들을 위한 숙고」(1909/10년 겨울)에서 카프카는 경마 우승자가 승리한 배후에는 경쟁자들의 복수심이 도사리고 있으므로 경마에서의 승리는 무의미하다는 교훈을 전달하려고 한다. 그는 이 교훈을 상징적으로 완성하기 위해 경마 우승자의 시상식장에 폭우를 뿌린다. 「불행」(1910년 8/10월)은 인간이 극복할 수 없는 고독을 주제로 삼고 있다. 고독의 상황에서 벗어날 수 있는 출구는 자신과의 대면뿐이다. 화자는 자아분열로 인한 불안 속에서 유령을 만난다. 그는 유령을 불러들여 기이한 논쟁을 벌인다. 유령과의 대화가 비생산적으로 그치자 화자는 고독으로 되돌아간다. 「큰 소음」(1911년 11월 5일)에서 소음은 낯설게 침입하여 파괴할 수 없는 안식과 평화를 위협한다. 소음은 카프카 문학의 핵심인 불안의 원천인데, 불안은 삶을 파괴하는 힘이다. 「독신자의 불행」(1911년 11월 14일)은 지속적인 독신상태에 대한 한탄과 그에 따른 인간의 고립을 다루고 있다. 「갑작스러운 산책」(1912년 1월 5일)에서 자아는 가족의 사슬에서 떨어져 나와 진실의 목적지에 도달하고 싶은 소망을 드러낸다. 이 작품도 카프카 문학의 특징인 '전제 없는 발단'을 보여주고 있다. 이것은 사건의 정황이 제시되지 않은 상태에서 갑작스럽게 시작되는 이야기를 말한다. 사건의 전제조건들은 이야기가 진행되면서 비로소 분명하게 드러난다. 「결심」(1912년 2월 5일)에서 자아의 분석적 의식은 역동적인 행위를 가로막는다. 자아는 연약함, 고독, 슬픔과 불안 그리고 무덤의 휴식을 지향한다. 자아는 고의적으로 삶의 긍정적 요소를 파괴하며, 그 결과 삶의 공허감을 느끼며 살아갈 수밖에 없다. 화자가 취할 수 있는 최선의 행동은 결심한 행동의 포기와 그와 관련된 삶에 대한 체념이다. 「사기꾼의 탈을 벗기다」(1911년 가을, 1911/12년 겨울)에서 사기꾼은 여러 가지 책략을 이용해서 화자의 초대를 방해하려고 한다. 그러나 화자는 카프카의 다른 작품들에서 일반적으로 나타나는 '실패한 도착'과는 달리 실패하지 않은 도착을 놓치지 않는다. 승리의 기쁨을 안고 화자는 초대자의 집 안으로 급히 들어간다. 「인디언이 되고 싶은 소망」(1912년 여름 이전)은 긍정과 부정, 접속법과 직설법이 쉬지 않고 교차하는 문장으로 구성되어 있다. 화자는 인디언이 되고 싶은 소망, 자세히 말하면 난폭하게 박차를 가하지 않고, 고삐가 풀린 말을 타고 땅과 말을 지각하지도 못한 채 광야를 달리는 말을 탄 인디언이 되고 싶은 소망, 곧 삶의 한계를 돌파하려는 소망을 표출한다. 그러나 화자의 삶은 소망과는 정반대로 돌진과 망설임 사이에서 헤맨다.

작가의 입장 및 동시대의 비평과 수용

카프카는 멋진 자신의 책을 갖고 싶어 했다. 그는 자신의 작품을 책으로 출판하기로 결심한다. 그는 편집할 때 첫 작품으로는 「국도의 아이들」, 마지막 작품으로는 「불행」을 배열해달라고 에른스트 로볼트 출판사에 요청할 정도로 책의 구성에도 깊은 관심을 보인다. 심지어 프라하의 '안드레' 서점에 자신의 책 11권이 진열되자, 그중에서 10권을 자신이 구입한다. 카프카는 일부 이른바 문학평론가들이 자신의 작품이 슬

픔만을 담고 있다고 혹평하자 경악을 금치 못한다. 그 대표적 인물이 로베르트 무질인데, 그는 이 작품집을 관류하고 있는 우울의 감정을 경멸의 뜻이 담긴 '비눗방울'이라고 날카롭게 비판하면서, 카프카를 하찮은 감정에도 반응을 보이는 작가라고 매도한다. 다만 카프카는 자신의 작품집 『관찰』이 독신자의 예술이라는 그들의 지적에는 동의한다. 그러나 일찍이 카프카의 문학적 재능을 알아본 비평가들도 있었다. 그들은 카프카의 작품을 '독일문학에서 그 전형을 찾을 수 없는 것' '노래하는 산문' '한 문장으로 지속적인 감정의 팽창과 수축을 표현한 간결한 산문'이라고 극찬한다.

또 다른 삶의 중심

노동자 재해보험공사

오전 8시에 시작해서 오후 6시 반에 끝나는 긴 업무시간과 80크로네라는 형편없는 임금에 만족하지 못한 카프카는 심장의 흥분을 수반하는 신경과민이라는 의사의 진단결과를 핑계로 이전에 다니던 '일반보험회사'를 그만둔 후 1908년 10월 1일 노동자 재해보험공사의 관리시보로 취직한다. 국가가 관리하는 이 보험공사는 오스트리아 전체 재해보험의 3분의 1을 담당하였다. 법률 담당의 임시직 공무원이 된 카프카의 기본급은 1,000크로네였으며, 이밖에 집세 보조금으로 300크로네, 근무수당으로 130크로네를 받았다. 보험공사의 근로조건은 아주 좋았다. 그중에서도 특히 근무시간이 오전 8시에서 오후 2시까지인 점이 더욱 좋았다. (일반보험회사는 근무시간에 쫓겨 글을 쓸 수 없어서 새로운 직장을 찾았던 것이다.) 그는 오전 8시부터 오후 2시까지 보험공사의 일을 마치고 귀가해서 3시부터 7시 반까지 잠을 잤다. 그 후에는 친구들과 혹은 혼자서 한 시간 동안 산책하고 가족과 저녁식사를 했다. 그런 다음 밤 11시경에 시작해서 새벽 2시나 3시 혹은 조금 더 늦은 시간까지 글을 썼다.

카프카가 1908~1922년까지 근무했던 노동자 재해보험공사.

카프카가 맡고 있던 임무는 첫째로 공장의 위험도를 상향 조정하려는 계획에 반발하는 기업들의 이의 신청에 대한 반박문을 작성하는 일, 둘째로 노동자 재해보험공사가 하는 일을 설명하고 선전하는 선전문을 작성하는 일, 셋째로 노동자 재해보험공사의 대리인으로서 법정에 출두하여 보험공사를 변호하는 일, 넷째는 라이헨베르크에 있는 북부 공업지대의 공장들에 대한 감독출장 등이었다.

그는 상급자들로부터 직업상의 유능함과 근면성을 인정받

았다. 1910년 4월에 공사의 정식 직원이 된 그는 삼 년 후에는 30명의 담당관을 휘하에 거느리는 부서기로 임명되었다. 1918년 1월 체코슬로바키아 공화국이 건국된 후에도 그는 (자신의 표현대로 말하자면) 모범적 유대인으로서 직장에서 자리를 보전할 수 있었다. 1920년에 그는 공사의 서기(부서장)로 승진하였으며, 1922년에는 서기장이 되었다. 건강상의 이유로 1922년 7월 1일 퇴직한 후 그는 매달 1,000크로네의 연금을 받았다.

일반보험회사와 노동자 재해보험공사에 근무한 덕택에 카프카는 법적으로 보호받지 못하는 체코 프롤레타리아들의 비참한 상황을 목격할 수 있었다. 카프카는 노동자들이 현재 그들이 받고 있는 임금보다 더 많은 임금을 받을 정당한 권리가 있다고 믿었다. 부자의 사치는 빈자의 불행으로 값을 치른 것이기 때문이라는 것이다. 그럼에도 불구하고 노동자들은 지나칠 정도로 겸손하게 자신의 권리를 요구한다. 다음은 카프카가 부상당한 노동자들에 대해서 브로트에게 전한 말이다.

> 이 사람들은 얼마나 겸손한가? 그들은 우리에게 부탁하러 온다네. 사무실을 습격해 모든 것을 깨부수는 대신 부탁하러 온단 말일세.

야누흐에 따르면 카프카는 자본주의의 착취조직, 특히 테일러주의를 거듭 비판하고 혁명적이고 사회주의적인 글들에 열

광했으며, 생 시몽과 헤르젠과 크로포트킨을 연구했다. 또 오웬이 주장한 것과 같은 유형의 사회주의 공동체를 조직할 계획의 일부분을 글로 쓰기도 했다.

김나지움 시절부터 간직해 온 카프카의 사회적·정치적 관심은 이 무렵에 더욱 고조된다. 김나지움 시절 카프카는 몇 명의 좌파 무정부주의자들과 접촉하고, 사회혁명가의 집회인 '믈라디찌 클럽'과 정치연맹인 '빌렘 쾨르버'의 모임에도 참석했다. 믈라디찌 클럽은 체코어로 청소년 클럽이라는 뜻을 지닌 청소년 단체들의 연맹체로 사회주의 이념을 전파하기 위해 1909년에 결성되었다. '군국주의와 애국심'이라는 주제로 모임을 개최한 후, 이 클럽은 반군국주의와 기타 반국가적인 이념을 유포했다는 이유로 프라하 총독령에 의해 해체되었다. 확실한 증거가 있는 것은 아니지만 설령 카프카가 이 집회에 가담했다 하더라도 아주 적극적으로 행동할 수는 없었을 것이다. 그렇지 않았다면 카프카는 국가업무에 종사하기 위해 필수적인 '품행증명서'를 그렇게 쉽게 얻지 못했을 것이다. 또한 빌렘 쾨르버는 노동계급의 착취자들과의 투쟁을 그 목적으로 하고 있는 모임이었다. 카프카는 선거 유세장에도 자주 나갔는데, 그곳에서는 진보적 정치가들의 연설에 동조했다. 카프카는 사회주의자들에게 공감했지만 그들을 믿지는 않았다. 그러므로 모든 변화, 그중에서 특히 혁명에 대한 그의 태도는 극히 회의적이었다. 진정 혁명적인 모든 발전의 종말에는 나폴레옹 보나파르트가 나타나고, 홍수의 물결이 광범위하면 할수

유대인 배우 이착 뢰비.

록 강물은 더 잔잔하고 더 깊게 흐르는 법이며, 혁명의 물결이 퇴조하면 새로운 관료제의 수문(水門)이 남게 된다고 예견하고 있다.

이때부터 카프카의 종교적 관심은 유대교 쪽으로 기울어졌다. 그는 유대인 극단의 순회공연을 열심히 관람하고 아버지의 반대에도 불구하고 이착 뢰비라는 유대인 배우와 우정을 나누었으며, 유대의 역사와 문화에 대한 서적을 탐독하고, 히브리어를 배우기 시작한다. 유대적 생활과 전통의 요소들은 카프카 문학에 강력한 영향을 미쳤다. 이것은 그의 서재에 있는 시온주의에 관한 책들을 제외하고서도, 그가 시온주의 성향의 학생 클럽인 '바르 코흐바'의 회원이었다는 점, 시온주의 계통의 잡지 『팔레스트나』와 『자위』를 정기 구독했고, 팔레스타인에서의 사태 추이에 상당한 관심을 보였으며, 죽기 직전 베를린의 유대문화 전문학교를 방문했다는 사실과 팔레스타인으로 이주하려는 의사를 밝힌 1923년에 작성된 몇 통의 편지 등으로도 입증된다. 카프카는 야누흐와의 대화에서 팔레스타인으로 돌아가는 것은 자기 자신, 자기의 근원, 성장으로 복귀하는 것임을 강조하고 있다. 1912년 여름에 카프카는 브로트와 바이마르로 일주일 동안 휴가 여행을 떠나 그곳에서 독일 고전주의 작가 괴테와 실러의 흔적을 찾는 데 모든 시간을 할애한다. 그것은 문학사적인 관심일 뿐만 아니라 작가로서의 정체성을 찾으려는 시도였다. 그리고 뒤이어 혼자서 하르츠의 융보른에 있는 자연치료 요양원을 찾는다.

1912년의 의미

1912년은 카프카 자신이 결정적인 전환점이라고 부를 만큼 많은 작품을 써낸 해였다. 이해 가을에 그의 주요 작품들이 쏟아져 나온다. 「선고 *Das Urteil*」는 1912년 9월 22일 저녁 10시부터 다음 날 23일 새벽 6시까지 영(靈)과 육(肉)이 열린 상태에서 단숨에 쓴 작품이다. 여기에서는 게오르크 벤데만의 시민적 자아와 문학적 자아가 갈등을 빚는다. 게오르크의 약혼은 아버지에 대한 도전이자 문학적 실존과 결혼을 결합시키려는 시도이다. 아버지가 게오르크에게 내린 사형선고는 시민적인 존재방식에 내린 사형선고이다. 게오르크의 죽음은 문학적 실존의 획득을 의미한다. 다른 각도에서 보면 아버지라는 가부장적인 권력의 심급에 복종할 수밖에 없는 아들의 무력함으로 읽히기도 한다.

카프카는 『실종자 *Der Verschollene*』의 처음 여섯 장을 1912년 9월 말부터 1912년 11월 12일까지 쉬지 않고 집필한다. 1913년 초까지 수정이 이루어지고 몇 개의 새로운 구절들이

추가된다. 미국이라는 빈부의 격차가 심한 능률지상주의 사회에서 이방인이자 신참에게 즐겨 사용하는 무기는 해고의 위협이다. 소년 카를 로스만은 착취와 경쟁이 난무하고 비인간화된 세계에서 실존의 전제조건인 직업을 얻기 위해 투쟁한다. 그러나 극단의 노동 분업과 무자비한 경쟁체제 안에서 직업이 인간화의 방향을 걷는 경우는 극히 드물다. 이 체제에서는 바라던 부와 이익 대신에 기아와 불행만이 자랄 뿐이고, 사람은 살아 있는 존재라기보다는 오히려 하나의 물체, 하나의 대상일 따름이다. 그렇다고 소위 민주주의의 꽃으로 불리는 선거를 통한 독점적 경제체제의 극복도 기대할 수 없다. 카를 로스만이 목격한 정당 간의 야간 선거전이 이를 입증한다. 정당 간의 싸움에서 북과 나팔소리가 인간의 목소리를 억누른다는 점이 '악의 제국' 미국의 실상이다. 선거에서 누가 선출되든 빈민계층인 카를 로스만과 대학생의 상황은 변하지 않는다. 이유는 선거를 통해 구 관료조직 대신에 새로운 관료조직이 들어서서 새로운 어려움들을 만들어내기 때문이다. 그렇다고 카프카가 대중 속에서 역사의 역동적인 진보의 원리를 발견한 것은 아니다. 뿐만 아니라 억눌리고 짓밟힌 대중이 세계를 변화시키고 재건설할 수 있을 것으로 생각하지도 않았다. 카프카는 여러 가지 모양의 기를 들고 집회로 발걸음을 옮기는 노동자들을 보며, 그들이 세계를 지배하고 있다고 착각하고 있는데, 실은 그들의 배후에는 비서관, 관리, 직업 정치인, 근대적인 술탄이 도사리고 있으며, 오히려 노동운동은 이들을 위해 권력에 이르는 길을 닦아주는 것에 지나지 않는다고 말하며, 노동운동에 회의적인 태도를 보인다. 카프카는 이론적으로는 공감했지만 사회의 움직임에 실제로 관여하는 것을 꺼려했다. 그는 단지 왜곡의 형식을 빌어 계급 사이의 대립에 예술적 의상을 입혔을 따름이다.

소설의 미완성된 마지막 장 '오클라호마 야외극장'에서 카프카는 많은 사람들에게 일자리를 줄 것처럼 독자가 착각하도록 기교를 부린다. 곧 미완성된 종장의 시작 부분에 일종의 전환이 준비되어 있을 것 같다는 기대를 갖게 만든다. 브로트는 이 소설의 결말이 디킨스 식의 해피엔딩으로 끝난다고 주장한다. 부연하면 오클라호마 극장은 카를 로스만에게 행복과 자유를 가져다줄 뿐 아니라 그를 부당하게 내쫓은 가족과 다시 상봉하게 해준다는 것이다. 브로트는 오클라호마 극장을 유토피아의 상징으로 설계하고 있다. 그러나 브로트와는 달리 카프카의 아메리카에는 '무한한 가능성의 나라'에 대한 언급은 전혀 없다. 사실 이 극장은 개인에게 자기실현의 가능성을 제공하기는커녕 이 세계의 질서에 거역하는 개인을 타자로 배제시키는 거대한 관료체제이다. 『실종자』의 첫 장에서 자유의 여신상이 횃불 대신에 칼을 들고 있는데, 이것은 미국의 자유의 상징이 무자비한 폭력의 상징으로 그 기능이 변환되었음을 뜻하며, 소설의 전체 내용을 함축하고 있다. 오클라호마행 기차 여행이 카를 로스만을 목적지로 데려다주는 것처럼 보이지만, 말 그대로 카를은 여행 중에 실종된다.

「변신 *Die Verwandlung*」(1912년 11월 17일~1912년 12월 7일)에서 문제가 되는 것은 변신과 변신의 기능이다. 그레고르 잠자는 과중한 일 때문에 변신한다. 그레고르의 세일즈맨 생활은 한마디로 결코 지속되는 일이 없고 따뜻해질 사이 없이 자주 바뀌는 인간관계에 기초하고 있다. 그럼에도 불구하고 그의 머리는 온통 외판원의 일로 가득 차 있다. 그레고르는 아버지의 빚을 걸머짐으로써 가족의 생계담당자로 권력을 얻게 되며, 가장인 아버지의 위치를 위협한다. 이 구도는 그레고르의 변신과 더불어 역전된다. 변신은 이 소설에서 지배인, 아버지, 하숙인이라는 삼각형으로 표현되고 있는 관료체제가 강요하는 하기 싫은 일에서 벗어나려는 그레고르의 소망을 충족시킨다. 그레고르는 변신을 통해서 비일상의 영역으로 탈출하고, 현실이 요구하는 책임에서 벗어난다. 그러나 인간임을 포기하는 엄청난 대가를 치르고서야 비로소 소망이 충족된다. 또 아버지의 파산으로 가족의 생계를 떠맡을 수밖에 없다고 믿고 고된 작업을 마다하지 않았는데, 그레고르는 변신하고 난 후 가족들이 자신이 모르게 저축한 돈이 있음을 알게 된다. 그레고르의 변신은 회사와 심지어 가족도 오직 물질적 효용에 따라 인간의 가치를 결정하는 체제임을 통찰하게 만든다.

다른 각도에서 보면 갑충으로의 변신은 기생적 착취의 가장 극악한 형태이며, 가족에게 완전한 역습을 가한 것이다. 그레고르의 변신은 가족이 그를 위해 그리고 그 대신에 일할 것을 강요한다. 그 때문에 그들은 앞으로 천시를 받고 과로를 피할 수 없게 되고, 빈민으로서의 운명을 감수하도록 저주받는다. 아버지 잠자 씨는 가족 안에서 전제군주로 군림하지만 현실에서는 비천한 은행사환으로 수고한다. 누이동생 그레테는 여점원으로 낯선 고객들을 상대해야만 한다. 어머니는 집에서 바느질과 옷 만드는 일로 소일한다. 노동의 착취라는 관점에서 보면 그레고르는 변신이라는 무서운 역설로 인해 가족 중에서 노동하지 않아도 좋은 유일하게 자유로운 구성원이 된 것이다. 그레고르가 얻은 새로운 자유는 동물로서의 자유이기 때문에 부정적으로 표현될 수밖에 없다. 그레고르는 일에서 벗어난다. 하지만 이 자유는 무의미하고, 천장과 벽을 목표 없이 기어다니는 것에 지나지 않는다. 다시 말하면 목표가 있는 행위가 아니다. 그것은 창조적이지 않으며 따라서 인간의 자유가 아니다. 결국 가족의 프롤레타리아화는 최악의 상태에까지 이르러서 세 명의 하숙생들에게 가정의 통제권을 넘겨주게 된다. 그레고르는 또한 사회의 해방자이며 구원자로서 종말론적인 기능을 수행한다. 개인의 희생은 공동체에게 새로운 삶을 시작하게 하고 새로운 꿈을 향유하게 한다. 딸의 삶을 위한 새로운 꿈은 아들의 시체를 대가로 산 것이다. 펠리체에게 보낸 편지에서 카프카는 「변신」의 주

막스 브로트.

인공의 희생적 죽음에 대해 긍정적인 평가를 내리고 있다. 그레고르의 죽음은 그가 살아 있음으로써 금지한 것처럼 보였던 가족들의 생산적인 생활의 리듬을 회복시킨다. 이것은 「선고」에서 벤데만의 죽음이 그가 살아 있는 동안에는 생명이 없는 것으로 보였던 다리 위에 활력이 넘치는 삶을 가져다준 것과 같다.

'오펠트 하우스' 앞에 서 있는 카프카와 누이동생 오틀라.

1913년 초에 죽마고우 브로트는 결혼한다. 이로 인해 카프카는 이 둘도 없는 친구관계에 위협을 느낀다. 뿐만 아니라 1911년에 누이동생 엘리의 남편인 다비트 헤르만이 설립한 '프라하 석면제조회사'는 지난 몇 해 동안 카프카에게 엄청난 부담이었다. 카프카는 사업 감각과 경제적 관심을 일깨우려는 가족의 압력을 이기지 못하고 자금을 융통해서 이 회사의 경영에 참여했다. 회사 일을 등한시한다는 이유로 카프카는 아버지에게서 격렬한 비난을 받는다. 총애하는 누이동생 오틀라마저 이 문제에서는 아버지의 편을 들었다. 이 석면제조회사는 가족 사이에 불화를 가져왔다. 회사가 어려워졌을 때 카프카는 심리적 압박감에 시달렸고 자살을 생각하기도 했다. 제1

차세계대전이 일어나 이 회사는 문을 닫게 된다. 카프카는 이 회사의 파산을 전혀 애석해하지 않았다. 1913년에 카프카의 가족은 마지막 주소지인 구시가 환상도로에 위치한 '오펠트 하우스'로 이사한다. 어느덧 그사이에 카프카는 문단에서 유명인사가 되어 있었다. 잡지 『신비평』의 편집인으로 일하고 있던 로베르트 무질은 1914년 2월에 카프카에게 함께 일하자고 제안한다. 그러나 이 요청은 카프카에게 자신의 비참한 처지를 확인시킬 뿐이었다. 왜냐하면 카프카는 자신을 무질에 비해 가진 것 없는 무일푼이라고 생각했기 때문이다.

세계의 대표

펠리체 바우어

1912년 8월 13일 카프카는 프라하에 있는 브로트의 집에서 펠리체 바우어를 만난다. 그리고 그녀와 보낸 고통의 5년이 시작된다. 펠리체의 첫인상은 별로 좋은 것은 아니었다. 갈색의 뻣뻣한 머리카락, 못생긴 코, 큼직한 턱에 광대뼈가 튀어나온 얼굴인 그녀는 목이 파인 헐렁한 블라우스를 입고 식탁에 앉아 있었는데 영락없이 식모같이 보였다. 그즈음 카프카는 마음속으로는 탐욕스러운 삶의 욕망에 불타고 있었지만 여하한 향락도 단념하고, 모든 즐거움을 피하고, 유혹에 대해서는 양다리 사이에 머리를 파묻어버리고 일에만 매진하며, 직업과 문학, 일의 성공과 행복을 향한 갈망이라는 이중적 삶에 적응할 수 없었던 불안의 시기를 맞고 있었다.

펠리체와 만나고 3개월이 지난 후, "사랑하는 펠리체 바우어 양! 더 이상 제게 편지를 보내지 마십시오. 제 편지로 인해 분명히 당신은 불행해지셨을 것입니다. ……유령인 저를 빨리 잊으시고 이전처럼 즐겁고, 편안하게 생활하십시오"(1912년 11월 9일)라는 내용이 담긴 편지를 펠리체에게 보낸다. 물론 카프카는 그에 대해 회의하기 시작한 펠리체 바우어를 놓치고 싶지는 않았다. 하지만 펠리체와 함께하는 미래에 대해 엄청나게 불안해하면서 고독에 대한 맹목적인 소망을 지닌 채 오직 자신과 대면하고 있는 상태(1913년 7월 1일)를 원했으나, 이틀 후에는 결혼을 통한 실존의 확대와 고양(1913년 7월 3일)을 꿈꾼다. 그러나 또다시 고독으로 돌아가고 싶어 한다.

> 나는 정말 외로워야만 합니다. 내가 이룩해놓은 것은 단지 고독의 결과에 지나지 않습니다. 문학과 관계없는 모든 것을 증오합니다.(1913년 7월 21일)

카프카는 '연결, 저편으로 흘러 들어가는 것'으로 정의한 결혼에 불안해한다. 그래서 "이제 펠리체와의 모든 것이 끝난 것 같다. 이것이 진정 옳은 일일지도 모른다"(1913년 8월 13일)고 생각하고, "나는 문학에 관심 있는 것이 아니라 문학으로 이루어져 있습니다. 나는 문학 이외의 다른 어떤 것도 아니며, 다른 것이 될 수도 없습니다"라고 말하기에 이른다. 카프카는 여성, 결혼 그리고 가족과의 지속적인 공동생활에 대한 욕구를 가지고 있었지만, 자신은 작가로서만 존재할 수 있다고 확신했다. 이를 위해 그는 끊임없이 고독을 추구했다. 이런 상황에서 여성과의 접촉은 바로 이 고독을 방해하고 실존까지도 위협할 수 있었다.

그다음 날 카프카는 펠리체의 아버지에게 예의를 갖추어 약혼을 승낙해달라는 편지를 보내고 나서 다시 "우리는 헤어져야만 합니다"(1913년 9월 16일)라며 복잡한 심경을 드러낸다. 그리고 우여곡절 끝에 1914년 6월 1일 그레테 블로흐가 참석한 가운데 펠리체의 집에서 약혼식을 올린다. 이에 대해 카프카는 "나는 죄수처럼 묶여 있다. 사람들이 나를 진짜 사슬로 묶어서 구석에 앉혀서는 내 앞에 경찰을 세우고 단지 이러한 방식으로 구경하도록 했더라도 지금 상황보다 더 화나지 않았을 것이다"(1914년 6월 6일)라는 반응을 보인다. 그 후 1914년 7월 12일 '호텔 안의 법정'으로 등장하는 베를린의 '아스카니셔 호프'에서 파혼한다. 이 파혼은 카프카에게 고통과 치욕을 가져다주었다. 카프카는 피고, 펠리체의 가족은 원고로, 또 펠리체의 여자친구이면서 펠리체와 카프카의 전달자인 그레테 블로흐는 카프카의 머리 위에 앉아 카프카에게 불리한 파당을 짓는다.

수동적인 종말

펠리체와 파혼한 후 1914년 8월에 카프카는 『소송 *Der Prozess*』을 쓰기 시작한다. 이 소설은 카프카의 소설들 중에서 가장 격렬한 논쟁을 불러일으키는 작품이다. 특히 요제프 카의 설명되지 않는 체포는 일부 해석자들에 의해 '카프카적인 것'의 진수로 간주되어왔다. 이 단어의 의미는 불안, 불확실성, 좌절, 소외, 익명의 관료조직, 무의미, 불합리, 공포, 전율, 죄, 절망, 출구 부재 등의 부정적이고, 염세적인 특질로 구성되어 있다. 그들은 이 소설에 체포도, 법정도 심지어 재판도 존재하지 않으며, 이 모든 것은 단지 요제프 카 자신의 상상력과 불안의 산물에 불과하다고 주장한다. 그러나 소설의 본문은 이러한 주장을 통렬하게 반박하고 있다. 요제프 카는 예심판사의 심리에서 이렇게 말한다.

> 내 경우에는 체포와 오늘의 심문 뒤에 하나의 강력한 조직이 존재한다는 것은 의심할 여지가 없습니다. ……이 강력한 조직의 의미는 무엇입니까? 그 의미는 무고한 사람들이 구속당할 수밖에 없고, 무의미한 소송들(내 경우에는 결과 없는 소송)이 무고한 사람들에게 억울하게 행해진다는 사실에 있습니다. 만사가 이처럼 어처구니가 없는데 어떻게 관리의 그 극단적인 부패를 피할 수 있겠습니까? 그것은 불가능한 일이며, 최고의 재판관도 혼자 힘으로는 절대로 피할

수 없습니다.

이와 같이 묘사된 법정은 현실적이며 객관적으로 존재하는 권력, 곧 인간에게 적대적이고 인간을 예속시키는 권력이다. 이 소설의 무대는 하숙집, 은행, 빈민가의 아파트, 서류와 금고가 있는 사무실 등 매우 평범한 장소와, 때로는 우리에게 낯선 칠흑같이 어두운 성당, 법정 관리들이 상주하고 있는 처마 다락방, 아득히 긴 계단으로 통하는 예심판사의 사무실과 채석장 등이다. 요제프 카는 이 무대를 통과한다. 이를 통해 카는 도시의 거의 모든 처마 다락방을 법정이 점령하고 있음을 알게 된다. 곧 법정의 무소부재성을 간파한다. 처음에 카는 법정세계와 자신이 몸담고 있는 일상세계가 전혀 관련이 없는 것으로 알았으나 소송절차가 진행됨에 따라 일상세계가 바로 법정임을 깨닫게 된다. 이 소송절차의 무익함은 작품에 상세하게 서술되어 있다. 게다가 이 구절들이 보여주는 것은 법정과 법정의 미로 같은 소송절차에 굴복할 때 상인 블록의 경우처럼 개같이 굴욕을 당해야 한다는 끔찍한 사실이다.

요제프 카는 어느 날 아침 갑자기 체포당해 심문을 받는다. 카에게 죄가 있다고 생각할 수밖에 없다. 그런데 카의 죄는 항상 의심의 여지가 없이 자명하고, 심지어 법정은 죄에 이끌린다. 카의 죄는 설명할 수 없는, 설명되지 않는 죄이며, 원고와 피고 사이에 죄에 대한 개념이 다르기 때문에 단지 주장된 죄이다. 법은 죄와 죄의식을 생산하고 처벌하는 권력으로, 소설에서 감시인 프란츠→감시인 빌렘→감독→예심판사→법원의 사환→태형리→변호사→법정 화가 티토렐리→법정 신부→테너 가수들→보다 높은 재판관들→최고의 재판관 등 구체적 형상을 획득한다. 카는 죄를 인정하지 않으면서도 끊임없이 자신의 정당성을 입증하려고 애쓴다. 요제프 카의 죄의식 그리고 자신의 정당성을 입증하려는 노력은 결코 종교적인 문제가 아니며, 또 그를 둘러싼 신비한 힘들은 철저하게 사회적 성질을 띠고 있다. 요제프 카는 개인을 무력화하기 위해 법정 당국이 죄-이데올로기를 권력유지 수단으로 설정한 것임을 인식했음에도 불구하고 권력의 하수인인 법정 주위를 배회하면서 자신을 계속 기만한다. 자신을 지배하고 있는 최고의 권력에 제대로 저항하지도 못한 채, 카는 개처럼 처형되는 수동적인 종말을 맞는다.

「유형지에서 *In der Strafkolonie*」(1914년 10월 15일~18일)의 무대로 설정된 유형지에서는 피고인의 죄는 늘 의심의 여지가 없고, 사형 이외의 형벌은 없으며, 중세에나 존재했을 고문이 여전히 자행된다. 이 소설에는 위계질서를 망각한 불복종과 상관을 모독한 죄인 등 유형지의 계율을 어긴 자들을 처형하기 위해서 몸에 글씨를 새기는 처형기계가 등장한다. 수백 개의 날카로운 침을 장착한 처형기계는 죄수의 몸에 글씨-상처를 새겨 넣어 판결 내용을 전달한다. 그 내용은 "상관을 공경하라"는 계명이었다. 이것은 권력에 대한 절대적인 복종을 뜻한다. 그러나 완결된 세계인 유형지에 틈이 생기기 시작한다.

이름을 밝히지 않은 탐험가가 유형지에 도착한 것이다. 탐험가는 장교와는 달리 유형지의 비인간적인 처형절차에 반대한다. 하지만 그는 구 사령관체제가 부활할 것이라는 비문을 읽고 놀라서 황급히 섬을 빠져나간다. 그는 유형지의 비인간적인 처형을 중지시키지 못하고 관찰자로 남는다. 소설의 결말에서 처형기계는 파괴되고, 장교는 처형기계와 함께 죽어간다. 장교의 죽음은 권력에 대한 영웅적인 충성의 표시이다. 「어떤 꿈」(1914년 12월 둘째 주)은 요제프 카의 꿈을 다루고 있다. 꿈의 내용은 다음과 같다. 요제프 카는 산책하다가 우연히 들어선 공동묘지에서 자신의 무덤을 본다. 그는 무덤 앞의 비석에 새겨진 금빛 글자로 된 자신의 이름을 바라보면서 무덤 속으로 가라앉는다. 장편소설 『소송』의 '실패한 죽음'과는 달리 요제프 카는 '성공한 죽음'에 감격한다. 그는 죽음에서 진실을 인식하고 해방을 경험한다. 「법 앞에서」(1914년 12월 둘째 주)의 법은 신의 명령, 신적 세계질서, 인간 본성, 인간 내부에 있는 파괴할 수 없는 것, 발전된 윤리체계, 정신세계의 빛, 자연법, 처벌하고 감시하는 명령체계, 계급 이데올로기 그리고 노장사상의 도로 설명되어 왔다. 시골에서 온 남자가 이 법안으로 입장할 수 있는지의 여부는 오로지 자신에게 달려 있다. 그러나 그는 자기 내부의 파괴할 수 있는 것을 파괴하고, 파괴할 수 없는 것을 해방시키기에는 힘이 없고 겁이 많았다. 그는 죽음의 문턱에서 법의 문에서 새어나오는 꺼지지 않는 빛을 인식한다. 이 부분에서 이 작품의 법이 빛으로 구체화된 진실임이 밝혀진다. 다만 시골에서 온 남자가 죽음의 순간조차 법 밖에 머물러 있다는 사실이 비극적 실존으로서의 인간조건을 부각시킬 따름이다. 「마을선생」(1914년 12월 19일~1915년 1월 6일)에서 카프카는 비범한 것을 평범한 것으로 약화시켜 새로운 것을 놓치고 마는 학문과 사회의 상황과 현실을 비판하고 있다. 「나이 든 독신주의자, 블룸펠트」(1915년 2월 8일~1915년 3/4월)에 등장하는 두 개의 셀룰로이드 공은 방해도 하지만 실질적인 공동체에 대한 억압된 소망을 변형시킨 것으로서 독신자 블룸펠트에게는 진정한 삶의 동반자이다. 「다리」(1916년 12월 중순)의 일인칭 화자는 꿈같은 체험담을 이야기한다. 그는 살아 있는 다리로서 절벽 위에 몸을 내뻗는다. 이 다리는 그 위를 지나갈 누군가를 기다린다. 마침내 어떤 남자가 온다. 이 통행자가 누구인가를 보고 싶어 한 다리는 몸을 돌리다 밑으로 떨어져 몸이 갈기갈기 찢긴다. 이 산문은 카프카의 모든 작품의 기본 유형인 기대-경험-좌절의 순서를 따르고 있다. 「양동이를 탄 사나이」(1916년에서 1917년으로 해가 바뀌는 시기)는 제1차 세계대전 중이던 1916년과 1917년 사이의 겨울에 겪은 극심한 석탄 부족과 관련이 있다. 석탄부족으로 야기된 혹독한 추위는 인간적 온정의 상실에 대한 형상기호이다. 공동체와의 접촉을 통해 인간적 온정을 체험하려는 시도는 좌절을 맛본다. 「사냥꾼 그라쿠스」(1916년 12월과 1917년 4월 초)의 주인공 그라쿠스는 죽었으나 동시에 어느 정도 살아 있다. 이 사람은 지상적인 것의 한가운데서 죽음과 삶의 이중성을 포괄한다. 이로부터 이중 시각이 도출된다. 즉, 죽었으나 동시에 살아 있는 이 사람은 총체적인 전망을 소유하게 된다. 이 사냥꾼 이야기의 핵심은 그가 형이상학적이며 종교적 영역 그리고 실제적이며 경험적 영역 그 어느 곳에도 정주하지 못한다는 데 놓여 있다. 「재칼과 아랍인」(1917년 1월 초순)에서 아랍인들은 활력에 넘친 삶, 재칼들은 일상의 삶을 부인함으로써 실현될 수 있는 문학적 실존에 대한 형상이다. 그러나 예술가로서의 삶은 유토피아이다. 세계를 순수의 영역으로 끌어올리려는 예술가는 일상의 삶이 지닌 힘에서 완전히 벗어날 수 없다. 예술가는 기생동물로 살 뿐이다. 「신임변호사」(1917년 1월)에서는 알렉산드로스 대왕의 군마 부체팔루스가 법전을 읽느라 여념이 없는 변호사 부체팔루스 박사로 변신한다. 그는 전투에서 울려오는 울부짖는 소리에 초연한 채 법학자 역할을 하면서 글을 읽는 사람으로 입지를 확보한다. 법전 연구는 당대 현실에 대한 무관심한 태도를 뜻하며, 카프카는 이러한 태도를 비판하고 자유를 꿈꾼다. 「시골의사 *Ein Landarzt*」(1917년 1/2월)에서 카프카는 방향을 상실한 채 혹한의 겨울을 헤매는 현대인의 초상을 형상화하고 있다. 작품의 종소리는 카프카 자신의 문학적 소명을 의미한다. 그는 문학이 인식을 촉진시키고 진실을 추구하며, 또한 그런 이유로 치료의 기능을 갖고 있다고 생각했다. 작가로서의 삶에 대한 대가는 로자를 통해 구체화된 것처럼 관능적 존재를 포기하는 것이다. 「싸구려 관람석에서」(1917년 1/2월)라는 작품에서 점점 더 크게 열리는 잿빛

미래 속으로 이어지는 소모적인 활동은 특별히 이 작품이 현대의 노동세계의 인간상황을 문제 삼고 있음을 웅변한다. 바로 '폐결핵에 걸려 쇠약한' 여자 곡마사의 형상이 현대 노동세계의 모형이다. 강조한다면, 살아남기 위해서 끊임없이 생산해야만 하는 경제법칙이 관객 다수의 갈채에 이끌려 쉼 없이 질주하는 여자 곡마사의 형상에 표현되어 있다. 허위의 세계에 갇혀 있는 관객들은 겉으로만 행복해 보이는 여자 곡마사의 모습만 보기 때문에 그녀의 고통을 이해하지 못한다. 「광산의 방문객」(1917년 1/2월)에서는 한 광부가 집단의 대변인으로서 새 갱도를 설치하는 데 필수적인 측량을 하기 위해, 열 명의 기술자 집단이 갱 안으로 들어오고 있는 장면을 보고한다. 광부의 판단은 배열의 언어법칙을 준수한다. 수(數)에 의한 배열을 통해 카프카는 사회와 관계를 설정하고, 사회질서의 법칙을 통찰하며, 소수 집단의 언어를 사용해서 독일제국문학의 권위적인 맥락에 대항한다. 이 작품은 기존의 사회질서에 근본적인 의문을 제기한다. 「이웃 마을」(1917년 1/2월)은 도달하고 싶고, 또 도달할 수도 있는 진실의 장소를 가리킨다. 노인의 삶의 지혜가 가르쳐 주듯이 말을 타고 이웃 마을에 가기엔 인생이 놀라울 정도로 짧지만, 젊은이는 덧없음을 결정적 특성으로 지니고 있는 이 세상이 주는 고통에서 벗어나 자연을 따르는 올바른 삶이 실현되어 있는 이웃 마을로 가기로 결심하고 그 결심을 실행에 옮긴다. 「형제살해」(1917년 1/2월)에서 카프카는 살인자 슈마르와 피살자 배제를 등장시켜서 환상 속에서 공격적인 행동과 수동적인 희생이라는 가학피학성 음란증을 즐긴다. 「이웃」(1917년 2월 말)에서는 경제적인 중압감 때문에 이웃관계가 감시자와 피감시자로 전락하고, 이로 인해 젊은 상인의 정체성이 위협받는다. 「황제의 칙명」(1917년 3월)은 신성에 대한 이성의 도전을 꿈꾸고 있는 개별자를 그리고 있다. 「만리장성의 축조」(1917년 3월 초/중순)에서는 중국 민족공동체와 지도부 사이의 의사소통의 부재로 말미암은 공동작업의 무의미함이 묘사되어 있다. 「낡은 쪽지」(1917년 3월 중순/말)는 외부로부터의 무정부주의적 폭력으로 말미암아 위협에 직면하게 된 개별자의 체념을 묘사하고 있다. 「마당문 두드리는 소리」(1917년 3월 중순/말)에서는 오누이의 연대감이 적의로 가득 찬 사회의 위협에 파괴되고 있다. 카프카는 「열한 명의 아들」(1917년 3월 말)을 열한 개 작품과 일치시키려고 구상한다. 첫 아들은 「어떤 꿈」, 둘째 아들은 「법 앞에서」, 셋째 아들은 「황제의 칙명」, 넷째 아들은 「이웃 마을」, 다섯째 아들은 「낡은 쪽지」, 여섯째 아들은 「재칼과 아랍인」, 일곱째 아들은 「싸구려 관람석에서」, 여덟째 아들은 「양동이를 탄 사나이」, 아홉째 아들은 「시골의사」, 열 번째 아들은 「신임 변호사」, 열한 번째 아들은 「형제 살해」를 가리킨다. 「튀기」(1917년 4월 초)에서 절반은 고양이 새끼이고, 절반은 양인 별난 짐승은 죽음 속에서 고양이와 양의 모순을 극복한다. 죽음은 보편적인 실존으로의 도약을 의미한다. 「학술원에 드리는 보고 *Ein Bericht fü reine Akademie*」(1917년 4월 둘째 주)의 주인공 원숭이 페터는 하겐벡 상사의 사냥 원정대가 쏜 총알 두 방을 맞고 하겐벡 증기선의 중간 갑판에 있는 우리에 갇힌다. 원숭이가 우리에 갇힌 이유는 여전히 자유에 대한 기억을 갖고 있었기 때문이다. "똑바로 서기에는 너무 낮고, 주저앉기에는 너무 좁은" 우리는

프리드리히 파이글이 그린 「양동이를 탄 사나이」를 낭독하는 카프카의 모습. 이 그림은 카프카 생존 시 카프카와 관련된 유일한 예술적 표현이다.

파멸만이 존재하는 출구 없는 상황에서 절망의 실존형식에 대한 상징이다. 이런 이유로 원숭이는 원숭이이기를 포기한다. 원숭이는 생존하기 위해서 "사방으로 열린 자유라는 위대한 감정"뿐 아니라, 체포당해 우리에 갇히기 전까지의 구름 한 점 없던 시절을 포기한다. 이제 원숭이는 인간으로의 발전을 목표로 본격적으로 인간을 모방하기 시작한다. 그는 "사용설명서, 서식 그리고 규정"을 준수하며 살아나간다. 다윈주의의 견지에서 보면 인간화는 원숭이의 타락이다. 따라서 문명세계의 무자비한 학습과정을 통한 원숭이에서 인간으로의 발전과정은 승화의 과정이 아니라 자유의 상실을 의미한다. 「가장의 근심」(1917년 4월 말)은 오드라덱이라는 단어에 대한 진술로 시작한다. 오드라덱이라는 실재하는 존재는 납작한 별 모양의

카프카와 펠리체(1917년 7월 초).

실패처럼 보인다. 오드라덱은 쏜살같이 움직여서 쉽게 포착할 수 없다. 그것은 어떤 의미로도 파악할 수 없는 완성된 전체이다. 그는 모든 것에서 벗어난 불멸하는 존재로서 사는 곳이 일정치 않다. 따라서 가장의 근심은 바로 지상의 가정을 책임지는 자가 오드라덱이라고 불리는 어떤 해석도 거부하고, 그가 죽고 난 후에도 살아 있을 완성된 전체를 만난다는 데 있다. 오드라덱은 도달할 수 없고, 붙잡을 수 없는 보편적인 것에 대한 형상이다. 한마디로 오드라덱은 절대적 자유이다.

상당한 시간이 흘러 1917년 8월 6일에 카프카는 펠리체와 두 번째 약혼식을 올린다. 그러나 1917년 8월 9일과 10일 이틀에 걸친 각혈이 모든 의심과 희망을 사라지게 만든다. "나는 나를 사랑했던 한 여자를 사랑했지만 그녀를 떠나지 않으면 안 되었다"고 고백하면서 결국에는 펠리체와 헤어진다. 카프카에게 질병은 출구이며, 결혼으로부터의 구원이었다.

노자(老子)와의 만남

전원생활

카프카는 오스트리아-헝가리 이중제국이 붕괴하고 체코 공화국이 수립되는 정치적 변화에 관심을 보이지 않는다. 그 이유는 자신의 질병 때문이다. 1917년 9월 1일 그는 쇤보른 궁(宮)의 집을 포기하고 직장생활도 포기하려고 했다. 그러나 보험공사 국장 로버트 마르슈너는 카프카의 사직을 반려하고 대신에 병가를 허락한다. 시골에 가서 살라는 의사들의 충고에 따라 9월 12일에 그는 누이동생 오틀라가 살고 있는 취라우로 거처를 옮겨, 사건의 중심에서 멀리 떨어진 채 1918년 4월 말까지 머문다. 카프카는 취라우에서 지내는 동안 체중이 만족

취라우 전경.

할 정도로 늘어 시골생활을 이상적이라고 생각한다.

한편 그는 취라우의 농부들에 대한 인상을 적고 있는데, 여기에 역설이 전혀 숨어 있지 않다고는 말할 수 없다. 농부들은 "농업으로 도피한 귀족들이다. 복된 죽음을 맞이할 때까지 현명하고 겸허하게 노동에 종사함으로써 그들은 완전히 전체에 순응하고 어떠한 동요나 뱃멀미에서도 보호받고 있는 진정한 대지의 시민들"이다. 카프카는 지적 노동이 인간을 공동체에서 분리시키는 반면 농업이나 수공업은 인간을 공동체로 이끈다고 생각했다.

취라우에서 보낸 8개월은 카프카에게 모든 것(예컨대 펠리체 바우어, 사무실, 프라하, 아버지)과 절연하려는 시도였다. 아홉 살 아래인 누이동생 오틀라는 이 시도를 적극 후원했다. 카프카는 오틀라가 자신의 처지를 잘 이해하고 있다고 판단하고서, 그녀에게 도스토옙스키, 쇼펜하우어, 클라이스트 등의 작품과 자신의 작품을 읽어준다. 아버지의 격렬한 반대를 무릅

쓰고 농업학교에 신학하려는 그녀의 계획을 전폭적으로 지원하기도 한다. 또 그녀를 자주 여행에 데리고 다니고, 말년에는 취라우뿐 아니라 플라나(1922년), 쉘레젠(1923년) 등지의 그녀의 집에서 지낸다. 오틀라는 가족 중에서 처음으로 카프카가 각혈을 한다는 소식을 듣고 이를 부모에게 알리는 역할까지 떠맡는다. 전쟁이 끝나기 이 년 전이라는 정치적, 사회적 그리고 특히 문화적 불안정을 고려할 때 작가 카프카의 명성이 반향을 불러일으킨 것은 주목을 끄는 일이다. 물론 판매량이 많았던 것은 아니었다. 몇 개의 잡지들이 카프카의 작품을 출판했고 카프카에게 동업을 요구했다. 출판사들은 그에게 작품을 청탁한다. 그러나 카프카는 불만은 있었지만 여전히 쿠르트 볼프 출판사에서 계속 자신의 작품을 출판한다.

다시 노동자 재해보험공사의 업무에 복귀하면서 카프카는 몇 가지 결심을 실행에 옮긴다. 그리고 기분전환을 이유로 처음으로 책상에서 벗어난다. 그는 평생을 두고 좋아한 산책, 승마, 수영, 보트 놀이를 했고, 목공소에 가서 목수일을 해보고, 프라하 북쪽의 트로야에 가서 정원사의 일도 배우며 시간을 보냈다. 게다가 히브리어 공부에 전념한다. 카프카의 간청에 못 이겨서 프라하 랍비의 아들인 프리드리히 티베르거가 카프카의 히브리어 선생이 되었다. 히브리어 공부와 정원일은 카프카의 삶에 긍정적인 영향을 끼친다. 1918년 7월 초에 아버지는 장신구 가게를 친척에게 넘기고, 같은 달에 매제의 프라하 석면제조회사는 문을 닫는다.

그러나 질병이 모든 계획을 물거품으로 만들었다. 1918년 10월 14일에서 11월 18일까지 카프카는 스페인 독감에 시달린다. 근무를 다시 시작하고 며칠 지나지 않아 병이 재발해서 카프카는 일주일 동안 침대에 누워 있어만 했다. 물론 카프카는 독감에 희생당하지는 않았다. 그러나 그 역시 삶과 죽음의 기로에 선다. 질병은 카프카에게 필요한 활동 공간을 마련해 준다. 그 사이에 체코슬로바키아에는 공화국이 들어선다. 카프카가 이 시대전환의 의미와 대결했는지 여부를 밝혀줄 수 있는 증거는 없다. 1919년 3월 말까지 치료를 목적으로 계속 쉘레젠에 머문다. 그러다 1918년 12월 22일에 잠시 프라하로 돌아온다. 이때 카프카는 독일 민족공동체의 일원으로서 향후 체코의 상황을 예의 주시한다. 체코에서 독일인들은 소수였다. 체코 공화국이 탄생하면서 카프카의 직장인 노동자 재해보험공사는 새로운 체코어 이름으로 간판을 바꾸어 달았고, 카프카의 독일인 상관들인 오이겐 폴과 로버트 마르슈너는 일자리를 잃었다. 이 기간은 거듭 연장되는 병가, 곧 노동자 재해보험공사의 관대함이 카프카의 삶을 규정했던 시기였다.

잠언의 생산

카프카는 폐결핵을 확인하고 난 후 충격 속에서 후에 브로트가 「죄, 고통, 희망 그리고 진실의 길에 관한 성찰」(1917년 10월~1918년 2월)이라는 제목을 붙인 109개의 잠언을 생산한다. 잠언에는 진실이 파괴할 수 없는 것, 정신세계, 빛, 믿음, 존재, 긍정적인 것 등으로 표현되어 있으며, 허위에 대한 진실의 우위가 함축되어 있다. 야누흐는 『카프카와의 대화』에서 카프카가 고대 중국 철학의 격언, 비유 그리고 핵심을 찌르는 이야기에 매혹되었다고 기록하고 있다. 특히 흥미를 끄는 것은 카프카가 노자 읽기를 유리공 유희로 비유하고 있다는 사실이다. 노자의 격언은 돌같이 단단한 호두였다. 카프카는 그것에 매혹됐다. 하지만 그 핵심은 여전히 닫혀 있었다. 그는 『도덕경』을 여러 번 읽었다. 그러나 그때마다 어린아이에게 오색찬란한 유리공을 손에 쥐어준 것처럼 단 한 단락도 앞으로 나아가지 못한 채 한 사고의 각도에서 다른 사고의 각도로 미끄러지는 자신을 발견했다. 그는 이 격언의 유리공을 통해 자신의 사고의 천박성을 확인했다. 그 때문에 그는 유리공 유희를 중단했다. 사실 카네티의 지적대로 카프카는 유럽에서 중국의 문학형식을 가장 잘 구사한 작가이며, 노장사상의 영향을 강력하게 받은 작가이다. 카프카가 도(道)에 정말 흥미를 보였는지는 상당히 의심되지만, 「잠언」에서는 노장의 정신세계가 목격된다. 원래 노장사상의 '도'는 그 의미의 토대를 길에 두고 있다. 따라서 카프카의 「잠언」의 진실의 길을 노장사상에서 말하는 '도'라고 지칭할 수 있다. 잠언 32번에 등장하는 까마귀들은 현상세계, 즉 파괴할 수 있는 것의 영역을 나타내며, 하늘은 파괴할 수 없는 것의 영역, 즉 도의 영역이다. 잠언 50번에 의하면 인간은 자신의 내부에 있는 이 파괴할 수 없는 것에 대한 지속적인 믿음 없이는 살 수 없다. 잠언 68번에 의하면 파괴할 수 없는 것에 대한 믿음은 가신(家臣)에 대한 믿음을 뜻한다. 가신은 노자가 『도덕경』에 분명하게 밝힌 공허한 무이며 거칠게 날뛰는 무로서의 도이다. 잠언 90번에서 카프카는 두 가지 실존의 가능성을 제시한다. 자신을 무한히 작게 만들거나, 또는 무한히 작은 것으로 존재하는 것인데, 이것이 바로 카프카 자신의 표현대로 완성이며 무위이다. 무위는 도의 완전한 운동으로서 아무것도 하지 않는 불위(不爲)와는 다르다. 카프카는 무위를 망치질로 비유한다. 정말 굉장한 망치질이면서 동시에 아무것도 아닌 망치질로 비유되는 무위는 무인데, 무는 정신세계로서 유(有)인 현상세계를 비로소 쓸모 있게 만든다. 카프카의 경우 진실은 말로 표현할 수 없다. 노자 역시 『도덕경』 25장에서 혼돈 속에서 이루어진 어떤 것, 그 소리를 들을 수도 없는 것, 그 형체를 볼 수 없는 것, 천하 만물의 모체인 도를 그 이름을 알지 못해 억지로 도라고 문자화하고 억지로 대(大)라고 이름 짓는다. 언어로 표현할 수 없다는 점에서 카프카의 진실과 노자의 도는 일치한다. 또 카프카는 완전하고 침투하기 어려운 정적을 동경한다. 카프카의 정적에 대한 동경은 도의 특성의 하나인 정적과 연결된다. 노자는 『도덕경』 16장에서 정적을 근원으로 돌아가는 것, 곧 본성으로 복귀하는 것이라고 규정한다. 「일상의 혼란」(1917년 10월 21일)의 주제는 의사소통의 단절이며, 「산초 판사에 관한 진실」(1917년10월 21일)에서 산초 판사와 돈키호테의 관계는 다름 아닌 시민적 삶과 문학적 삶의 관계이다. 「사이렌의 침묵」(1917년 10월 23일)에서 카프카의 오디세이아는 호메로스의 오디세이아와는 달리 세이렌의 노래에 유혹당하지 않는다. 그는 고도로 계산된 속임수로 자신의 운명을 극복해나간다. 이 오디세이 인물은 작가 카프카의 반대 형상 내지는 이상적 형상이다. 「프로메테우스」(1918년 1월 17일)에서 카프카는 망각과 세계를 둘러싼 권태의 모티프를 도입하여 그리스 신화를 해체한다. 해체의 이유는 그리스 신화처럼 진실이 문학적 표현을 통해 설명될 수 없고 전달될 수 없기 때문이다.

아버지들의 세계

아버지께 드리는 편지

1918년 1월 카프카는 생명에 위협을 느낄 정도로 스페인 독감을 심하게 앓는다. 고열이 가라앉은 후 11월 말에 프라하 근교의 쉘레젠으로 휴가를 떠나 1919년 1월 말까지 그곳에 머문다. 그곳 슈튀들 기숙사에서 율리 보리첵을 만난다. 그녀의 성격은 내성적이고, 겸손하며, 조용하고, 대단히 감상적이었다. 그녀는 프라하에서 작은 옷가게를 경영했다. 카프카는 아버지의 반대에도 불구하고 그해 여름 그녀와 약혼한다. 이 결합이 헤르만 카프카의 눈에는 자신의 이름에 덧붙여진 치욕으로 비쳤다. 유대인 부르주아 계급의 규범에서 보면 율리 보리첵의 아버지의 직업은 최하층을 의미했다. 율리 보리첵의 아버지는 프라하 근교 유대인 회당의 사무보조원이자 구두 수선공이었다. 헤르만 카프카는 처음에는 아들에게 욕을 퍼붓다가, 나중에는 서른여섯 살 먹은 아들더러 차라리 사창가에나 가라고 윽박지른다. 카프카는 다음 해에 밀레나 예젠스카를 알게 되면서 율리 보리첵과 파혼한다. 이때 입은 내면의 상처가 「아버지께 드리는 편지 *Brief an den Vater*」(1919년 11월)로 결실을 맺는다.

두 번째 약혼녀 율리 보리첵.

비교적 방대한 자전적 발언을 담고 있는 「아버지께 드리는 편지」는 카프카가 자신과 아버지를 다소나마 안심시키고 삶과 죽음을 좀 더 쉽게 만들려는 허망한 시도에 불과했다. 이해심 없이 불신감을 갖고 아들의 문학 작업을 바라보았던 아버지를 안심시키려고 '변호사의 간계'를 부려서 많은 사실들을 위조했다. 카프카는 이 편지에서 아버지와 끔찍한 소송을 진행한다. 이 편지의 분명한 목표는 자신과 아버지의 긴장관계를 조정하고 완화하는 것이었다. 이 편지에는 카프카의 유년 시절의 고통과, 몇 차례의 결혼 시도로 이 고통을 극복하려고 하는 무익하고도 절망적인 노력이 담겨 있다. 이 편지는 오이디푸스 콤플렉스로 설명되어서는 안 되며 오히려 오이디푸스 콤플렉스가 이 편지를 통해 해석되어야만 할 것이다. 왜냐하면 카프카가 보기에 늘 재판관이라고 주장했던 아버지 역시 아들과 마찬가지로 허약하고 눈먼 피고 측 당사자에 불과했고, 카프카의 궁극적 의도는 인간의 실존을 결정하는 눈에 보이지 않는 법이 허위임을 폭로하는 것이었기 때문이다. 사실 카프카에게 아버지는 만물의 척도였고, 아버지의 말은 그대로 법이었다. 여기에서 말하고 있는 법은 지상의 삶 그 자체이며, 이 법 없이는 아무도 생존할 수 없게 만드는 이 세계의 법칙을 뜻한다. 유년 시절의 카프카는 이 법칙들의 강제성을 이해할 수 없었고, 이와 같은 법의 속성 때문에 카프카는 계속해서 이 세계의 법칙을 위반한다. 반어적 표현일지는 모르지만 이 법칙은 늘 법칙을 위반한 순간에 비로소 고안되기 때문이다.

아버지와의 최초의 갈등에 그 이후의 모든 갈등이 선취되어 있음을 감안하면, 카프카의 경우 아버지와의 갈등은 정신분석학적 논제의 삽화가 아니라 이 세계와의 투쟁의 축소판으로 해석해야 할 것이다. 그 때문에 이 편지의 아들과 아버지는 『소송』의 피고인과 법정으로 고양되고, 특히 아버지의 상(像)은 「선고」와 「변신」에서 그대로 비유로 발전하여 『성』의 관료적 지배체제인 성-관청 또는 실권자 클람으로 변주된다.

살아 있는 불꽃 밀레나

카프카는 1920년 2월과 3월 사이에 빈에 머무르고 있던 밀레나 예젠스카(1896~1944)로부터 자신의 「화부」를 체코어로 번역하게 해달라고 부탁하는 내용의 편지를 받는다. 밀레나는 카프카보다 열세 살이나 어렸고, 유대인 아니라 체코인이었으며, 유부녀인데다 민족주의 색채가 강한 명문가 출신이었다. 그녀의 조상 중에서 가장 유명한 사람은 당시 프라하 대학 총장을 지낸 의사, 요한 에세니우스였다. 그는 1621년에 '보헤미아의 자유'를 쟁취하기 위해 투쟁하다가 단두대에서 희생당했다. 그녀의 아버지 얀은 저명한 턱교정 전문의였고 애국자였으며, 무엇보다도 폭군이었다. 아버지는 딸이 프라하가 다 아는 바람둥이 에른스트 폴락과 결합하는 것을 극력 반대했다. 심지어 그는 밀레나를 정신병원이나 다름없는 정신요양원에 감금한다. 그러나 아버지의 폭력적인 배려는 오히려 의지가 강한 밀레나에게 반대의 결과를 가져다주었다. 1917년 8월에 성년이 된 밀레나는 결국 에른스트 폴락과 결혼한다. 결혼 직후 이 부부는 빈으로 떠난다. 혹시 있을지도 모를 아버지의 간섭을 공간적으로 불가능하게 만들려는 의도에서였다. 이 두 사람은 주로 카페에서 시간을 보낸다. 폴

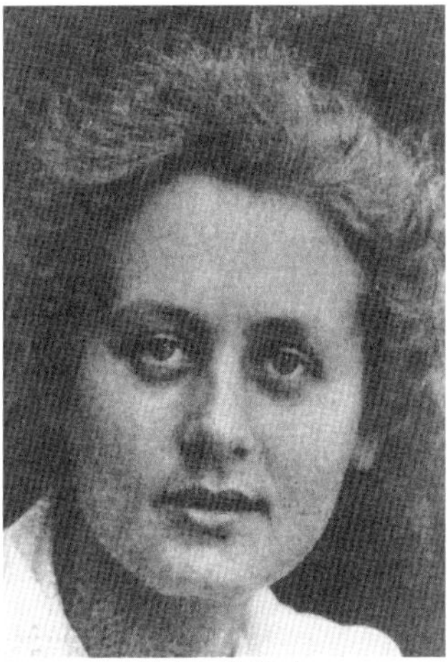
밀레나 예젠스카.

락은 활발한 활동 덕분에 빈에서도 유명인사가 되었다. 처음에 독일어를 못했던 밀레나는 혼자서 생활을 꾸려나가야만 했고, 도둑질 때문에 경찰 신세를 지기도 했다. 이후의 경제적 궁핍은 밀레나를 신문사에서 일하도록 내몰았다.

작가 카프카와 번역가 밀레나와의 편지 왕래는 1920년 4월부터 시작된다. 같은 달에 잡지 『크멘』에 「화부」의 체코어 번역이 실린다. 당시 카프카는 메란에서 치료를 받고 있는 중이었다. 카프카는 다시 작가로서의 열정에 불을 지핀다. 6월 12일의 편지에서 그는 수신인 밀레나를 당신이라는 호칭으로 부르기 시작한다. 메란에 머물던 카프카는 1920년 6월 29일에 빈으로 밀레나를 찾아간다. 이 만남을 통해 두 사람은 애정을 확인했다. 혼자서 프라하로 돌아온 후 카프카는 오스트리아와 체코의 경계역인 그뮌트에서 밀레나를 만난다. 밀레나는 카프카와의 결합 또는 결혼을 전혀 고려하지 않는다. 그럼에도 불구하고 카프카는 프라하에서 밀레나의 여자 친구들과 접촉하고, 이혼전문 변호사와 상담한다. 그러나 1920년 9월 또는 10월쯤에 (밀레나가 남편과의 이혼을 원치 않았기 때문에) 밀레나와 함께 살 수 없다는 사실을 깨닫게 된다. 하지만 편지 왕래는 계속된다. 그리고 1920년 말에 마틀리아리에서 치료를 받기 시작하면서 집중적인 편지 왕래가 끊긴다. 일 년 후에 다시 가끔 편지가 교환된다.

작가의 생애의 각도에서 볼 때 카프카가 만난 여성들 중에서 적어도 펠리체, 밀레나, 도라 디아만트 그리고 누이동생 오틀라 등은 지적이며, 생기가 넘치고 독립심이 강했다. 그중에서도 밀레나는 일찍이 본 적이 없는 살아 있는 불꽃이었다. 그녀는 행복의 원천으로서 어머니의 이미지로 카프카에게 각인되며, 이 때문에 카프카는 그녀에게 어떤 사람에게도 보인 적이 없는 열린 자세를 취한다. 그가 그녀에게 『실종자』와 『성』과 「아버님께 드리는 편지」의 원고뿐 아니라, 유고 관리인인 브로트조차 읽지 못한 일기를 적은 공책을 넘긴 것은 바로 이와 같은 이유 때문이다.

카프카에게 고독은 글쓰기의 조건이며, 글쓰기가 끝나는 시점에 삶의 불안이 시작된다는 사실은 이미 널리 알려져 있다. 그러나 카프카는 밀레나에게 보낸 편지를 통해 자신의 강박성 노이로제를 푼다. 밀레나에게 보낸 편지에서 우리는 다른 곳에서는 찾을 수 없는 그의 건강한 삶을 읽을 수 있다. 인간적으로 사는 것이 불가능한 세계에서 삶에 대한 욕망에 사로잡힌 카프카에게, 밀레나는 외부세계와 연결되는 새로운 통로였다. 그림언어로 표현하면 카프카는 잘못을 저지르고 울면서 다시는 그런 일을 저지르지 않겠다고 맹세하는 어린아이처럼 어머니 밀레나 앞에 서 있는 것이다. 그러나 엄밀히 말해서 밀레나는 삶의 고통을 일시적으로 완화시키는 진통제에 지나지 않는다. 밀레나에게 보낸 편지 역시 위기에 처한 독신자의 산물이며, 글쓰기는 곧 구원이라는 카프카의 일관된 문학관의 연장선상에 놓여 있기 때문이다.

장기간 메란에 머물면서 치료를 해보았지만 카프카의 병세는 호전되지 않았다. 그 때문에 치료가 절박했다. 이즈음 1920년 7월 15일에 누이동생 오틀라는 체코인 요제프 다비트와 결혼한다. 박사학위를 취득한 법률가 다비트는 반유대적 성향의 인물이었지만, 오틀라를 혐오스럽게 생각하지는 않았다. 1920년 11월에 카프카는 유대인에게 적대적인 체코인들의 난동을 목격한다. 겉보기에는 체코 국수주의자들의 공격 목표가 독일인들인 것처럼 보였지만, 실제로는 유대인들이었다. 당시 유대상인들은 소수 민족들 사이에 양다리를 걸치고 있었다. 체코 공화국이 수립된 후 경제불황이 사회불안을 야기했다. 어부지리는 공산주의자들에게 돌아갔다. 그들은 12월 10일에 총파업을 감행한다.

카프카는 사회 문제에 영향을 받았지만, 12월 18일에 마틀리아리 요양원에 입원한다. 카프카의 '마(魔)의 산'은 이번에는 타트라 고원이었다. 그러나 상황은 차츰 심각해진다. 건강이 호전되고 체중이 늘었지만 병은 재발한다. 그는 프라하로 돌아가기 직전까지 고열 때문에 침대에 누워 있어야만 했다. 처음에는 마틀리아리에서 삼 개월만 머무를 계획이었지만 체류는 두 번 더 연장된다. 1921년 8월 말이 되어서야 카프카는 다시 집으로 돌아간다. 카프카는 마틀리아리에서 로버트 클롭슈톡을 만났다. 처음에 그는 상당히 다루기 힘든 헝가리 출신의 청년이었다. 그는 얼마 지나지 않아 카프카와 친해져서 카프카가 죽을 때까지 그의 곁을 지킨다. 카프카는 로버트 클롭슈톡의 문학적 야망과 의사로서의 성장과정을 후원해주고 싶었다. 카프카는 클롭슈톡에게 자신의 작품을 번역할 권리를 주기까지 한다. 그러나 프라하에서 대학에 다닐 수 있는 기회를 마련해주지는 못한다.

또다시 문학으로

밀레나와의 갈등으로 중첩되는 위기를 겪으면서 카프카는 자신의 삶의 재료를 문학의 높이까지 끌어올리는 데 성공한다. 삼 년의 공백을 깨고 1920년부터 카프카는 다시 짧은 산문을 쓰기 시작한다. 그는 전설과 우화라는 문학형태에 도전한다. 잠언 「그」(1920년 1월 6일~2월 29일)에는 삶을 그 자연스럽고도 쓰라린 영고성쇠를 지니고 있는 모습 그대로 보면서도, 동시에 그에 못지않게 하나의 허무로, 하나의 꿈으로, 하나의 붙잡을 데 없는 부동으로 인식하는 삶에 대한 조망을 획득하고 싶은 소망, 「귀향」(1920년 8월 말)에는 카프카 문학의 중심 주제인 '실패한 귀향', 「도시 문장」(1920년 9월 셋째 주)에서는 잘못된 방향의 발전을 파괴하려는 인류의 열망이 묘사되어 있다. 「포세이돈」(1920년 9월 셋째 주)에서 카프카는 포세이돈의 형상 속에 계산에 몰두하는 관리와 생산적이며 제약받지 않는 작가라는 이중적 존재를 표현한다. 「공동체」(1920년 9월 말/10월 초)에서 차례로 집에서 나와서 공동체를 만든 친구 다섯 명은 그들만의 평화로운 삶을 지속시킬 목적으로 여섯 번째 사람의 새로운 합류를 원하지 않는다. 사실 이 공동체는 사람들의 주목을 받아 우연히 형성된 것으로서 외부세계에 종속되어 있다. 이들의 공동생활은 의미가 없으며, 이들은 전에도 서로 잘 몰랐으며 지금도 서로 잘 모른다. 이들을 묶어 두는 유일한 것은 침입자를 배척하는 일이다. 그럼에도 불구하고 공동체에 입장을 거부당한 사람은 토지측량사 카처럼 온갖 굴욕을 감수하면서 공동체에 입장하려고 끈질기게 시도하지만 결국 거부당한다. 카프카는 배척당하는 자의 편에 서 있다. 이 공동체는 카프카가 긍정적으로 생각했던 유대민족과 시온주의와 무관하지 않다. 「밤에」(1920년 10월 말)에는 구원자로서의 작가상(像), 「거절」(1920년 10월 중순)에서는 기존의 지배 질서에 순응하는 시민들과 이 질서에 불만을 품은 젊은 이들이 형상화되어 있다. 「법에 대한 의문」(1920년 10월 말)에서 대부분의 주민은 법에 대한 무지 때문에 전통적인 법을 고수한다. 그런데 이 법은 일반적으로 알려져 있지 않으며, 주민 대부분을 지배하고 있는 소수 귀족들의 비밀이다. 사실 전통적인 법이란 허위의 법칙에 불과하며, 이로 말미암아 주민들은 앞으로 일어날 사건들을 통찰할 수도, 더 나아가 극복할 수도 없는 상황에 빠진다. 주민들은 자신들도 모르는 법의 지배를 받는 것을 말할 수 없는 고통으로 느낀다. 처음부터 소규모 정당원들은 법이 권력자와 귀족 그리고 부자를 위해 만들어진 것이라는 사실을 간파한다. 곧 "귀족이 행하는 것이 법이다." 이들은 지금은 암담하지만 모든 것이 밝혀져서 법이 주민들의 것이 되고 특권층이 사라질 때가 올 것이라고 확신한다. 그러나 무정부 상태를 두려워해서 귀족들을 몰아내지 못한다. 즉, 이들은 귀족의 존재를 인정하는 셈인데, 앞에서 말한 이유 이외에도 언젠가는 자신들 마음대로 법을 다루고, 또 귀족들도 사라질 날이 오기를 희망하기 때문이기도 하다. 요컨대 이 소품에서 문제가 되고 있는 법이란 불안을 야기하면서 거짓된 안전을 보장해주는 매우 현실적인 규율장치들에 대한 집합적 개념이다. 「징병」(1920년 10월 말)에는 처녀까지 징병하는 국가 권력의 무자비함, 「시험」(1920년 11월 첫째 주)에서는 무의미한 질문에는 답변을 거부해야만 한다는 충고가 표현되어 있다. 「독수리」(1920년 11월 첫째 주)에서 후두와 폐를 공격하는 독수리는 카프카의 질병을 연상시킨다. 카프카는 질병을 해방으로 생각한다. 「조타수」(1920년 11월 중순)에서는 힘이 곧 정의임이 확인되고 있다. 「팽이」(1920년 11월 말)의 주제는 인식 가능성에 대한 의문이다. 「작은 우화」(1920년 11월 말/12월 초)에서 고양이는 연약한 쥐의 삶에 대해 승리를 거두는 활력적인 삶을 상징한다. 「돌연한 출발」(1922년 2월)에서 하인은 말을 마구간에서 끌고 나오라는 주인의 정상적인 명령을 이해하지 못하고, 더욱이 먼 곳에서 들려오는 트럼펫 소리를 듣지 못한다. 곧이어 상황은 역전되어 하인이 주인의 여행 목적지와 먹을 양식에 대해 물으려고 대문에서 주인을 가로막는다. 여행 목적지에 대해 주인은 "여기로부터 떠나는 것"이라고 대답한다. 이 작품이 문제 삼고 있는 출발의 장소인 여기는 오직 소유와 그 관계들만을 다루는 허위의 세계이다. 주인의 여행 목적지인 "저 너머"에 들어가기 위해서는 동기유발과 소유욕의 포기라는 전제조건이 충족돼야 한다. 「변호사」(1922년 2월)에서 카프카는 소송에서 승리하기 위해 필요한 변호사를 찾는 것이 실패로 돌아갈 수밖에 없음을 전달하려고 한다. 「어느 개의 연구 *Forschungen eines Hundes*」(1922년 7월)의 탐구개는 허위의 세계를 떠나 진실의 세계로 떠나려고 한다. 그러나 탐구개는 실존의 기반이 파괴될 것을 두려워한다.

마틀리아리에서의 장기체류는 카프카의 건강에 전혀 도움이 되지 못했다. 1921년 9월에 마틀리아리에서 프라하로 돌아와 카프카는 『성 *Das Schloss*』(1922년 2월 말~8월 말/9월 초)을 집필한다. 모든 것을 기록하고, 모든 것을 조종하는 관리들의 세계인 성에는 소유나 인간관계의 변화를 초래할 어떤 인간활동도 허용되지 않는다. 성은 외부에서 파악할 수 없으며, 접근할 수도 없다. 카가 성을 향해 떠나갈 때 성에 이르는 것처럼 보였던 길은 성 주위를 맴돌 뿐이다. 성의 관할구역 안에 있는 마을은 크지는 않지만, 수많은 관리들의 지배를 받고 있다. 사실 주민의 수보다 관리의 수가 훨씬 더 많고, 관리들은 일 때문에 정신이 없다. 이 거대한 관료체제는 산 같은 서류를 양산한다. 관리들 중 아무도 서류를 읽는 데 열의를 보이지 않으며, 서류를 읽는 일을 잊고 있는 것처럼 보일 때 갑자기 명령이 하달된다. 이상하게도 관리들 중 누구도 이 명령에 놀라지 않으며, 명령을 필연적인 것, 당연한 것으로 수용한다. 한마디로 이 관료체제는 무수한 촉수(觸手)로 마을의 생활 영역 전체를 움켜잡고 마을 주민 전체를 예속한다. 카는 성으로부터 은총의 선물이 아닌 권리를 요구하기 위해, 명예와 평화 속에서 생을 영위하기 위해서가 아니라 진정 싸우기 위해 성에 왔다. 즉, 아버지들의 부패한 세계에 대한 상징인 성이 지닌 권력을 정복하기 위해 성에 왔다. 성을 정복하려는 카의 욕망을 권력에 대한 욕망, 억압하려는 욕망이나 심지어 억압당하려는 욕망이라고 이해한다면 명백히 잘못된 것이다. 권력에 대한 욕망은 없다. 권력이 욕망인 것이다.

마을 주민들 중에서 바르나바스의 누이동생 아말리아만이 마을과 성의 지배에서 이탈한 유일한 인간으로서, 아말리아의 행위는 카의 투쟁욕과 맥락을 같이한다. 삼 년 전까지만 해도 바르나바스 가족은 편안하고 넉넉하게 살았다. 그런데 성의 관리인 조르티니가 아말리아에게 성(性)상납을 요구했지만 그녀는 단호하게 거절한다. 이런 예기치 않은 불순종이 마을 전체를 공포로 몰아넣는다. 고객들은 아말리아의 아버지가 운영하는 구둣방을 피하기 시작하고 일꾼들은 도망치며 친지들은 인사하지 않는다. 마침내 옛날 종업원이 구둣방을 손에 넣고, 아버지와 딸들은 집에서 쫓겨난다. 가장 끔찍한 것은 모든 일이 구체적 결정 없이, 보이지 않는 배후의 책동으로 저절로 일어나는 것처럼 보인다는 점이다. 성의 얼굴 없는 권력은 개인에게 복종의 이데올로기를 강요한다. 이것은 개인을 관료적 통제 아래에 두려는 권력의 전략이다. 바르나바스 가족에게는 무위도식(無爲徒食)이라는 형벌이 내려진다. 바르나바스 가족은 성의 권력에 대해 불안하다. 그들은 무력감에서 벗어나지 못한다. 그들에게는 자유에 대한 개념이 전혀 없다. 성의 권력은 실권자 클람과 그의 비서들이 쥐고 놓지 않는다. 마을 주민들을 통제하기 위한 명령이 성에서 통용되는 법이다. 카에게는 측량이 중요했다. 측량사 카의 토지측량은 성이라는 권력 영역의 측량이다. 침입자인 카의 토지측량은 엄격하게 준수되는 토지대장과 각자가 토지소유자, 노예 또는 관리로서 살고 있는 소유세계의 질서를 근본적으로 뒤흔드는 혁명적 행위이다. 때문에 카는 추방이라는 처벌을 면치 못한다. 「부부」(1922년 늦가을)에서 단절된 인간관계를 회복하려는 노력은 실패로 돌아간다. 「포기하라!」(1922년 12월)에서 카프카는 본질적인 질문에는 답이 없음을 가르쳐준다. 「비유에 대하여 *Von den Gleichnissen*」(1922년 말/1923년 초)에서 모든 비유는 하나의 사실, 곧 "파악할 수 없는 것은 파악할 수 없다"는 것을 표현한다. 여러 화자들의 연이은 주석들은 역설적 순환의 기본 모형을 따른다. 파악이 가능한 결론 없이 출발점으로 되돌아가는 사고활동은 비유가 파악될 수 없음을 직접적으로 보여준다.

백조의 노래

단식광대

카프카는 1922년 6월 23일부터 9월 18일까지 보헤미아 남부의 플라나에 있는 누이동생 오틀라의 여름 별장에서 지낸다. 책상에 앉아 있어도 아무 일도 하지 못하고, 심지어 골목에 나가지도 못할 정도로 카프카의 건강은 날이 갈수록 악화됐다. 11월 29일에는 자신의 작품을 불태워달라는 유언을 남긴다. 팔레스타인으로 이주해서 예루살렘 도서관 관장으로 일하던 유년 시절의 친구 후고 베르크만이 1923년 4월에 고향 도시 프라하를 방문해서 유대인의 상황에 대해 강연하고 카프카와 장시간 대화를 나눈다. 이에 자극을 받은 카프카는 팔레스타인으로 이주할 계획을 세운다. 7월 5일에는 누이동생 엘리 부부와 함께 동해의 뮈리츠로 병가를 떠난다. 도중에 베를린에서 브로트가 소개한 '디 슈미데' 출판사와 마지막 단편집 『단식광대』의 출판을 계약한다. 뮈리츠에는 헤르만 박사 요양원이 있었고, 이 요양원 근처에는 유대인 문화학교가 임해학교를 열고 있었다. 여기에서 카프카는 보모로 일하고 있던 인생의 마지막 동반자 도라 디아만트(1898~1952)를 만난다. 카프카에게 그녀는 말할 수 없이 아름다운 존재였다. 그러나 곧 그는 프라하로 돌아온다. 그리고 얼마 지나지 않아 카프카는 오틀라와 그녀의 두 딸과 함께 쉘레젠으로 휴가를 간다. 카프카는 늘 병가를 가야만 한다는 생각에 사로잡혀 있었다. 쉘레젠에 도착했을 때 카프카의 몸무게는 54.5kg이었다.

카프카는 다시 집으로 돌아오자마자 온갖 반대를 무릅쓰고 프라하에서 탈출하려는 계획을 관철시킨다. 거듭된 실패에도 불구하고 카프카는 고향 도시에 등을 돌린다. 그리고 9월 23일에 카프카는 베를린행 기차에 몸을 싣는다. 그곳에는 도라 디아만트가 그를 기다리고 있었다. 카프카는 베를린에서 채 6개월도 살지 않았다. 베를린의 인플레는 극심해서 지폐 10억 마르크의 가치가 금 1마르크에 불과했다. 카프카와 도라 디아만트는 프라하에서 오는 지원금이 없었다면 살 수 없었을 것이다. 송금이 지체될 때마다 굶주림이 걱정이었다. 농산물을 담은 소포들도 바라던 것이었다. 특히 프라하산(産) 버터가 필요했다. 그러나 카프카는 경제적으로 어려웠음에도 불구하고 연극 입장권은 꼭 구입했다. 심지어 카프카는 물가고 때문에 베를린을 떠나게 될까봐 두려워했다.

인생의 동반자인 도라 디아만트는 온갖 어려움을 여유 있게 극복해 냈다. 그녀는 보금자리를 만들어냈고, 카프카를 위해 언제나 살기 좋은 분위기를 만들어내려고 신경 썼다. 오히려 그녀는 고난으로 인해 더욱 강하게 단련된 것처럼 보였고, 카프카는 이 지상에서 가장 기분 좋게 보호받고 있다고 느꼈다.

중요한 것은 카프카가 다시 글을 쓰기 시작했다는 사실이다. 이제는 산발적인 메모가 아니라 철저하게 구조를 갖춘 작품들이었다. 「첫 번째 시련」(1922년 1월/2월)에는 삶과 글쓰기 사이에서 균형을 잡지 못하는 예술가의 상황이 묘사되어 있고, 「단식광대」(1922년 2월)의 단식광대는 먹을 수 있는 음식을 얻기 위해 단식한다. 그런 의미에서 단식은 의도적인 행위이다. 단식은 그 자체를 뛰어넘어 다른 것에 방향을 두고 있는 상태에 대한 약호이다. 그것은 진실을 가리킨다. 작품에서 진실은 찾아내기 어려운 음식으로 불린다. 단식광대는 일상의 삶에서 벗어나 자신의 예술에 탐닉하면서 살아간다. 단식광대가 죽은 후에 관객들이 우리 속의 표범을 보고 감탄하는데, 이것은 단식광대의 예술에 대한 이해와 관객의 예술에 대한 이해가 일치하지 않는다는 사실을 분명히 보여주는 장면이다. 예술에 탐닉하는 삶은 오직 죽음 속에서 실현될 수 있다. 그런 의미에서 단식광대의 해방은 비극적 승리이다. 「작은 여인」(1923년 8월 중순/11월 중순)에서는 문단의 원로, 비평가, 출판업자 등이 희화화되어 있다. 「굴 *Der Bau*」(1923년 11월/12월)의 동물은 규칙적이고 안락한 삶을 기대했지만 굴에 대한 끊임없는 근심 때문에 자신의 집을 향유하지 못한다. 작품의 후반부에서는 굴의 상황이 급변한다. 종래의 위험의 장소가 평화의 장소가 되었지만 성 광장은 여전히 세계의 소음과 그 소음이 지닌 위험 속에 빠져 있다. 설상가상인 것은 여기에도 실제의 평화가 없다는 것이다. 변한 것이라고는 아무것도 없고 이전처럼 위험이 도사리고 있을 따름이다. 동물은 소음에 극도의 불안을 느낀다. 동물은 정적과 고독을 삶의 필수적인 요소로 여긴다.

1923년 말에 카프카는 고열과 오한에 시달린다. 의사는 일회 왕진에 160크로네라는 고액을 요구한다. 그때부터 카프카는 돈 때문에 병든다는 것에 대해 말할 수 없이 불안해한다. 유감스럽게도 열은 떨어지지 않는다. 카프카는 쇠약해져서 더 이상 우체국에서 직접 소포를 가져올 수 없었다. 이에 놀란 가족은 1924년 2월 23일에 외삼촌 지크프리트 뢰비를 베를린으로 보낸다. 의사인 외삼촌은 조카에게 요양원 치료를 권한다. 카프카를 집으로 데려오기 위해서 브로트도 베를린으로 떠난다. 3월 17일에 카프카는 다시 프라하로 돌아온다. 그는 말하기도 어려웠다. 다시 카프카가 오스트리아 남부의 오르트만에 위치한 '빈 숲' 요양원에 입원했을 때 그의 몸무게는 겨울옷을 입고서도 겨우 49kg에 불과했다. 그 사이에 후두까지 암이 퍼지고 카프카는 말을 하지 못하게 된다. 4월 9일과 10일에 카프카는 전문의의 진찰을 받고 4월 19일까지 후두 클리닉에 입원한다. 그 후 카프카는 클로스터노이부르크 근처 키어링에 있는 '호프만 박사 요양원'으로 옮겨 간다.

마지막 작품

치료비는 비쌌고, 그의 마지막 작품은 치료비 충당에 거의 도움이 되지 못했다. 1924년 5월 중순쯤부터 마지막 작품이 만들어지는 중이었고, 「요제피네, 여가수 또는 쥐의 족속 *Josefine, die Sängerin oder das Volk der Mäuse*」이라는 제목을 달고 세상에 나온다. 이 작품은 카프카가 완성한 몇 편 되지 않는 후기 작품들 중 하나이다. 카프카는 사망하기 바로 직전에 이 작품의 최종본을 확정하고 그 인쇄 작업을 임종의 침상에서 감독했다. 그는 이 작품의 두 개의 제목에 특별한 의미를 부여했다.

> 이 이야기는 새로운 제목을 얻었다네. 요제피네, 여가수 –또는–쥐의 족속. 이러한 '또는'이라는 제목은 썩 마음에 드는 것은 아니지만, 여기에서는 아주 특별한 의미를 지니고 있다네. 이 제목은 천칭과 같은 성격을 갖고 있다네.

사실 여가수와 민족 사이의 균형이 이 작품의 주제이다. 요제피네의 노래는 민족을 지배하는 비범한 힘을 지니고 있다. 민족은 그녀의 노래에 감동받는다. 왜냐하면 민족은 일상의 근심 때문에 아주 괴롭기 때문이다. 그러나 기묘한 것은 그녀의 노래가 우리가 지금까지도 막연하게 기억하고 있는 민족 고대시대의 음악과 노래가 아니며, 다른 모든 쥐들의 평범한 휘파람소리와 다르지 않다는 것이다. 그녀는 다른 모든 쥐들이 휘파람을 부는 것처럼 휘파람을 불 뿐이다. 유일하고도, 물론 중요한 차이점은 그녀의 휘파람 속에서 다른 모든 쥐들의 휘파람소리가 의식되고, 그 속에 다른 모든 쥐들의 휘파람소리의 고유한 본질이 나타난다는 사실이다. 왜냐하면 다른 모든 쥐들은 휘파람소리에 주의를 기울이지 않고, 심지어 휘파람을 분다는 것조차 느끼지 못하고 휘파람을 불기 때문이다. 그러나 요제피네는 의식하면서 그리고 노골적으로 뻐기면서 휘파람을 분다. 그것은 그녀가 음악을 사랑하는 유일한 사람이기 때문이다. 즉, 요제피네의 예술인 휘파람소리는 민족을 일상생활의 질곡에서 벗어나게 하며, 잠시나마 자유롭게 해준다. 요제피네의 휘파람 속에는 아주 짧은 유년 시절에 누렸던 다시는 되찾을 수 없는 행복과 결코 말살되지 않을 삶의 명랑성이 들어 있다.

그러나 이제 이야기는 반대 방향으로 진행된다. 그녀는 자신이 실제로 예술을 창조하고 있다고 믿는다. 그녀의 노래는 다른 모든 쥐들의 휘파람소리와는 근본적으로 다르다는 것이다. 민족 중에서는 아무도 그녀의 노래를 제대로 이해할 수 없다고 생각한다. 따라서 그녀는 민족에게 의존하지 않으며, 민족의 보호를 받지 못하고, 오히려 그녀가 민족을 보호해주고 있다고 믿는다. 그녀의 노래가 표면적으로는 정치적 또는 경제적으로 어려운 상황에서 민족을 구하고 있고, 그녀의 노래는 그 이상의 일을 성취하고 있다는 것이다. 즉, 그녀의 노래는 불행을 쫓아버리지는 못한다 하더라도 적어도 그것을 견디어낼 수 있는 힘을 민족에게 준다는 것이다.

그녀는 자신의 노래를 민족을 규정하는 힘으로 끌어올리고 싶어 하고 그것을 승인하는 뚜렷한 표시로서 일상의 노동으로부터의 해방을 요구한다. 그러나 여기에서 그녀는 극복하기 어려운 민족의 저항에 부닥친다. 왜냐하면 민족의 제한된 의식 속에서 늘 망각되는 존재, 곧 파괴할 수 없는 자유롭고 행복한 영역을 드러내는 존재 역시 지상법칙의 지배를 받으며, 노동을 면제받을 수 없기 때문이다. 여기에서 그녀가 명백하게 체험한 것은 예술가의 절대적인 자유는 이 세계의 삶에서는 획득 불가능하다는 사실이었다.

예술은 결코 이해할 수 없는 것이 아니며, 결코 민족의 이해능력을 벗어난 것도 아니다. 근대의 예술은 천박한 오성으로는 도달할 수 없는, 보다 고상한 영역을 대표한다고 믿었다. 그런데 카프카를 통해서 예술은 그 본래의 의미로 환원된다. 예술의 특권은 부인된다. 그 때문에 예술은 단지 민족의 영원한 역사 속에서 하나의 작은 에피소드에 지나지 않는다. 이 에피소드는 민족의 불멸의 실존을 의식하고 기억하게 하는 다른 에피소드들로 교체될 수 있다. 천재시대 이후 예술에 부여된 '예외적 입장'은 예술 본래의 의미가 인식되면서 종언을 고하게 된다. 요제피네는 예술의 특권을 포기하고 사라진다. 카프카는 이 백조의 노래에서 민족공동체에 입장하기 위해서 자신과 자신의 예술을 말살한다. 이 작품은 그의 예술과 인생 최후의 작품이었다. 이 작품은 다음과 같은 문장으로 끝을 맺는다.

> 요제피네는 지상의 괴로움에서 구원받아 우리 종족의 수많은 영웅들 속으로 즐겁게 사라질 것이다. 그녀의 생각에 이것은 선택된 자에게 준비되어 있는 것이다. 그리고 머지않아, 우리는 역사를 꾸미지 않기 때문에, 그녀는 다른 모든 형제들과 마찬가지로 잊혀서 더욱 승화되어 구원받게 될 것이다.

카프카의 후기 작품들에서 중요한 역할을 하는 민족공동체의 참모습(그것은 불가분의 인간결합이다)은 이미 「만리장성의 축조」에 생생하게 묘사되어 있었다.

> 거리마다 사람들과 삼각형의 작은 기들과 깃발들이 넘쳐나서 여태껏 그들의 나라가 이렇듯 크고 부유하고 아름다우며 사랑스러운 모습으로 보인 적이 없었다. 동향인이라면 누구나 그를 위하여 스스로 방벽을 쌓는 형제요, 물심양면으로 평생 그것에 감사하는 형제였다. 단합! 단합! 가슴에 가슴을 맞대고, 잇닿은 가슴과 가슴, 민족의 윤무, 피, 이젠 더 이상 육신의 보잘것없는 순환에 갇혀 있지 말고…… 무

한한 중국을 두루 섭렵하라.

1924년 4월 말 원고는 '디 슈미데' 출판사로 넘어가고, 단편집 『단식광대』의 조판이 시작된다. 단편집의 제목처럼 카프카는 부어오른 후두 때문에 더 이상 딱딱한 음식물을 넘길 수 없었다. 말하기조차 어려워서 주위 사람들과 필담으로 의사소통한다. 5월 초에 의사들은 카프카의 치료를 포기하겠다고 선언한다. 5월 6일에는 로버트 클롭슈톡이 도라 디아만트와 함께 카프카를 간병하기 위해 키어링에 도착한다. 만족하면서 죽고 싶다는 카프카의 희망은 이루어지지 않는다. 암의 고통은 상상을 초월했다. 카프카는 클롭슈톡에게 모르핀 주사를 놓아달라고 간청한다. 카프카는 알코올 주사와 진통제 피라미돈을 맞는다. 누이동생 오틀라, 매제 카를 헤르만, 외삼촌 지크프리트 뢰비가 카프카를 찾아온다. 물론 막스 브로트도 키어링으로 온다. 그러나 카프카는 부모의 방문을 상당히 꺼려했다. 죽기 전날에 임종의 침상에서 카프카는 새 작품의 교정지를 읽고, 그다음 날 41회 생일을 한 달 앞두고 사망한다.

카프카는 계속 읽힐 것인가

펠리체 바우어에게 보낸 편지들과 브로트의 유산 상속녀가 아직도 소유하고 있는 원고를 제외한 대부분의 중요한 카프카의 유고는 현재 공공도서관에 보관되어 있다. 이와 같은 상황에 힘입어 피셔 출판사는 카프카의 문학작품, 일기와 편지들의 비평판을 준비할 수 있었다.

1982년부터 시작된 '카프카 비평판' 간행 작업을 통해 속속 드러나는 사실은, 그동안 카프카 문학의 정전으로 통용되어온 브로트 판이 독자에게 쉽게 접근할 것이라는 구실로 '규격통일' '개정' '탈단편화' 등의 개념을 동원하여 카프카의 육필원고를 오염 내지 훼손하고 있다는 점이다. 브로트 판은 오직 쉽게 읽힐 수 있도록 형식상의 완전함을 꾀한 나머지 카프카 문학의 고유한 특성인 분출하는 역동성을 파괴하고 있다. 그럼으로써 그물과 같은 텍스트 안에서 독자와 작가가 공동의 놀이 상대이자 대화 상대가 되는 것을 방해하고 있다. '카프카 비평판'은 한층 광범위한 영향력을 지닌 시각적 구성과 배열을 갖추고 있다. 비평판의 토대는 카프카의 육필원고이다. 완결된 작품이 아니라 열려 있는 것, 종결될 수 없는 것, 불완전한 것을 그대로 드러내고 있다. 브로트 판이 짐짓 읽고 이해할 수 있는 완벽함을 추구하고 있다면, '카프카 비평판'은 단편, 분열, 무한한 운동을 제시하고 있다. 비평판은 진행 중인 작품(work in progress)이 지니고 있는 풍부한 흔적들을 남김없이 보여줄 것이다. 다른 한편으로는 카프카 자신의 내용 및 언어상의 미세한 차이를 표현으로 제시함으로써 텍스트와 동떨어진 해석을 영원히 입 다물게 만들고 새로운 해석을 가능하게 할지도 모른다.

참고문헌

김광규, 『카프카』, 문학과지성사, 1978.

김용익, 『프란츠 카프카 연구』, 삼영사, 1984.

박은주, 「권력/글쓰기」, 연세대학교 박사학위논문, 1998.

______, 「기억과 망각의 역설적 결합으로서 글쓰기」, 최문규(외), 『기억과 망각』, 책세상, 2003.

박홍규, 『카프카, 권력과 싸우다』, 미토, 2003

박환덕, 『카프카 연구』, 범우사, 1994.

임철규(편역), 『카프카와 마르크스주의자들』, 까치, 1986.

질 들뢰즈·펠릭스 가타리, 이진경 옮김, 『카프카: 소수적인 문학을 위하여』, 동문선, 2001.

클라우스 바겐바하, 전영애 옮김, 『카프카』, 홍성사, 1979.

클로드 티에보, 김택 옮김, 『카프카』, 시공사, 1998.

편영수, 『카프카 문학의 이해』, 전주대학교 출판부, 1998.

하르트무트 뮐러, 권세훈 외 옮김, 『카프카 문학사전』, 학문사, 1999.

Arens, Detlev, *Franz Kafka*, dtv : München, 2001.

Binder, Hartmut·Parik, Jan, *Kafka*. Ein Leben in Prag Mahnert-Lueg Verlag Essen/München, 1993.

Emrich, Wilhelm, *Franz Kafka*. Das Baugesetz seiner Dichtung. 8. Aufl., Wiesbaden, 1975.

프란츠 카프카

펴낸날	초판 1쇄 2004년 1월 15일 초판 4쇄 2016년 1월 25일
지은이	편영수
펴낸이	심만수
펴낸곳	(주)살림출판사
출판등록	1989년 11월 1일 제9-210호
주소	경기도 파주시 광인사길 30
전화	031-955-1350 팩스 031-624-1356
기획 · 편집	031-955-1380
홈페이지	http://www.sallimbooks.com
이메일	book@sallimbooks.com
ISBN	978-89-522-0180-5 04080

※ 값은 뒤표지에 있습니다.
※ 잘못 만들어진 책은 구입하신 서점에서 바꾸어 드립니다.

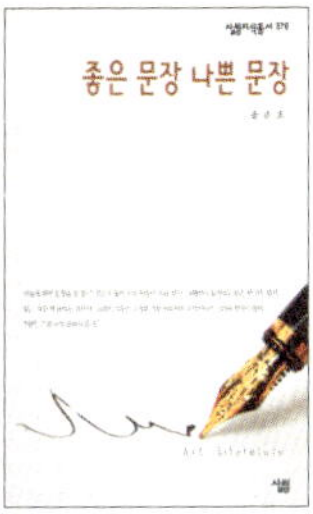

376 좋은 문장 나쁜 문장

eBook

송준호(우석대 문예창작학과 교수)

어떻게 좋은 문장을 쓸 수 있을 것인가? 우선 좋은 문장이 무엇이고 그렇지 못한 문장은 무엇인지 알아야 할 것이다. 대학에서 글쓰기 강의를 오랫동안 해 온 저자가 수업을 통해 얻은 풍부한 사례를 바탕으로 문장교육을 제대로 받지 못한 독자들에게 좋은 문장으로 가는 길을 제시하고 있다.

051 알베르 카뮈

eBook

유기환(한국외대 불어과 교수)

알제리에서 태어난 프랑스인, 파리의 이방인 알베르 카뮈에 대한 충실한 입문서. 프랑스 지성계에 혜성처럼 등장한 카뮈의 목소리는 늘 찬사와 소외를 동시에 불러왔다. 그 찬사와 소외의 이유, 그리고 카뮈의 문학, 사상, 인생의 이해와, 아울러 실존주의, 마르크스주의 등 20세기를 장식한 거대담론의 이해를 돕는 책.

052 프란츠 카프카

eBook

편영수(전주대 독문과 교수)

난해한 글쓰기와 상상력으로 문학사에 커다란 발자취를 남긴 카프카에 관한 평전. 잠언에서 중편 소설 「변신」 그리고 장편 소설 『실종자』와 『소송』 그리고 『성』에 이르기까지 카프카의 거의 모든 작품에 대한 해석을 담고 있다. 또한 이 책은 카프카의 잠언과 노자의 핵심어인 도(道)의 연관성을 추적하는 등 새로운 관점도 보여 준다.

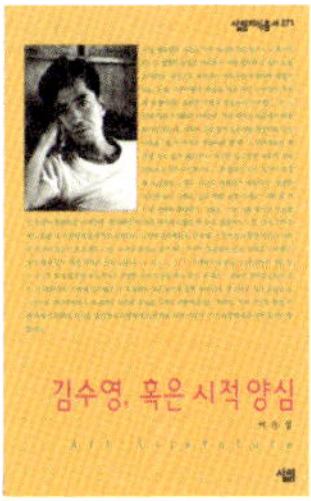

271 김수영, 혹은 시적 양심

eBook

이은정(한신대 교양학부 교수)

힘과 새로움으로 가득 차 있는 김수영의 시 세계. 그 힘과 새로움의 근원을 알아보고 지금까지와는 다른 새로운 독법으로 그의 시 세계를 살펴본다. 그와 그의 시에 대해 깊은 애정을 가진 저자는 김수영의 이해를 위한 충실한 안내자 역할을 자처한다. 김수영의 시 세계를 향해 한 발 더 들어가 보고자 하는 독자들에게 유익한 책이다.

369 도스토예프스키

eBook

박영은(한양대학교 HK 연구교수)

『카라마조프가의 형제들』과 『죄와 벌』로 유명한 러시아의 대문호 도스토예프스키. 그의 작품에 등장하는 생생한 인물들은 모두 그의 힘들었던 삶의 경험과 맞닿아 있다. 한 편의 소설 같은 삶을 살았으며, 삶이 곧 소설이었던 작가 도스토예프스키의 생의 한가운데 서서 그 질곡과 영광의 순간이 작품에 어떻게 드러나는지를 살펴본다.

245 사르트르 참여문학론

eBook

변광배(한국외대 불어과 강사)

사르트르의 『문학이란 무엇인가』에서 전개된 참여문학론을 소개하면서 억압받는 자들을 위한다는 기치를 높이 들었던 참여문학론의 의미를 성찰한다. 참여문학론의 핵심을 이루는 타자를 위한 문학은 자기 구원의 메커니즘에 문제가 생겼을 때 이 문제를 해결하고, 그 메커니즘을 보충하는 이차적이고도 보조적인 문학론이라고 말한다.

338 번역이란 무엇인가

eBook

이향(통역사)

번역에 대한 관심이 날로 늘어 가고 있다. 추상적이거나 어렵게 느껴지는 번역 이론서들, 그리고 쉽게 읽히지만 번역의 전체 그림을 바라보기에는 부족하게 느껴지는 후일담들 사이에 다리를 놓는 이 책은 번역의 이론과 실제를 동시에 접하여 번역의 큰 그림을 그리고자 하는 독자들에게 안성맞춤이다.

446 갈매나무의 시인, 백석

eBook

이숭원(서울여대 국문과 교수)

남북분단 이후 북에 남았지만, 그를 기리는 많은 이들의 노력으로 백석은 현재 우리나라에서 가장 주목받는 시인 중 한 사람이다. 이 책은 시인을 이해하는 많은 방법 중 '작품'을 통해 다가가기를 선택한 결과물이다. 음식 냄새 가득한 큰집의 정경에서부터 '흰 바람벽'이 오가던 낯선 땅 어느 골방에 이르기까지, 굳이 시인의 이력을 들춰보지 않더라도 그의 발자취가 충분히 또렷하다.

053 버지니아 울프 살아남은 여성 예술가의 초상 eBook

김희정(서울시립대 강의전담교수)

자신만의 독창적인 글쓰기 방식을 남기고 여성작가로 살아남는다는 것이 어떤 의미를 갖는지를 보여 준 버지니아 울프와 그녀의 작품세계에 관한 평전. 작가의 생애와 작품이 어우러지는 지점들을 추적하는 방식으로, 모더니즘 기법으로 치장된 울프의 언어 저변에 숨겨진 '여자이기에' 쉽게 동감할 수 있는 메시지들을 해명한다.

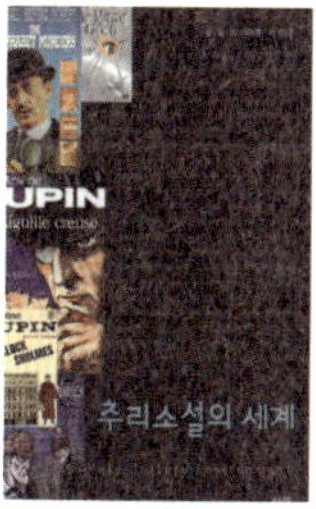

018 추리소설의 세계

정규웅(전 중앙일보 문화부장)

추리소설의 역사는 오이디푸스 이야기까지 거슬러 올라간다. 저자는 고전적 정통 기법에서부터 탐정의 시대를 지나 현대에 이르기까지 추리소설의 역사와 계보를 많은 사례를 들어 재미있게 설명하고 있다. 추리소설의 'A에서 Z까지', 누구나 그 추리의 세계로 쉽게 빠져들게 하는 책이다.

199 디지털 게임 스토리텔링 eBook

한혜원(이화여대 디지털미디어학부 교수)

디지털 시대의 새로운 이야기 양식을 소개한 책. 디지털 패러다임의 중심부에 게임이 있다. 이 책은 디지털 게임의 메커니즘을 이야기 진화의 한 단계로서 설명한다. 게임의 역사에 있어서 중요한 패러다임의 변화, 게임이라는 새로운 지평에서 펼쳐지는 새로운 이야기 양식에 대한 분석 등이 흥미롭게 소개된다.

326 SF의 법칙

고장원(CJ미디어 콘텐츠개발국 국장)

과학의 시대다. 소설은 물론이거니와 영화, 애니메이션, 만화, 게임 등 온갖 형태의 콘텐츠가 SF 장르에 손대고 있다. 하지만 SF 콘텐츠가 각광을 받고 있는 것에 비해 이 장르에 대한 깊이 있는 이해를 도울 만한 마땅한 가이드북이 존재하지 않는다. 이 책은 이러한 아쉬움을 채워주기 위한 작은 출발점이 될 것이다.

eBook 표시가 되어있는 도서는 전자책으로 구매가 가능합니다.

018 추리소설의 세계 | 정규웅
047 판타지 | 송태현 eBook
051 알베르 카뮈 | 유기환 eBook
052 프란츠 카프카 | 편영수 eBook
053 버지니아 울프 | 김희정 eBook
062 무협 | 문현선 eBook
118 고대 그리스의 시인들 | 김헌 eBook
146 프랑켄슈타인 | 장정희
147 뱀파이어 연대기 | 한혜원 eBook
168 J.D. 샐린저와 호밀밭의 파수꾼 | 김성곤 eBook
196 디지털 에듀테인먼트 스토리텔링 | 강심호 eBook
197 디지털 애니메이션 스토리텔링 | 배주영 eBook
198 디지털 게임의 미학 | 전경란
199 디지털 게임 스토리텔링 | 한혜원 eBook
200 한국형 디지털 스토리텔링 | 이인화 eBook
201 디지털 게임, 상상력의 새로운 영토 | 이정엽
232 일본의 사소설 | 안영희
243 보들레르 | 이건수 eBook
244 돈 후안 | 정동섭
245 사르트르의 참여문학론 | 변광배 eBook
246 문체론 | 이종오
247 올더스 헉슬리 | 김효원 eBook
256 현대시와 불교 | 오세영
271 김수영, 혹은 시적 양심 | 이은정
326 SF의 법칙 | 고장원
338 번역이란 무엇인가 | 이향
369 도스토예프스키 | 박영은
376 좋은 문장 나쁜 문장 | 송준호 eBook
444 셰익스피어 그리고 인간 | 김도윤
446 갈매나무의 시인, 백석 | 이숭원 eBook
471 논리적 글쓰기 | 여세주 eBook
472 디지털 시대의 글쓰기 | 이강룡 eBook

(주)살림출판사
www.sallimbooks.com
주소 경기도 파주시 문발동 522-1 | 전화 031-955-1350 | 팩스 031-955-1355